책을 읽고 나서야 알게 된 것들

책을 읽고 나서야 알게 된 것들

초판 1쇄 2021년 10월 20일

기획자 김도사(김태광) | **지은이** 김희정 | **펴낸이** 송영화 | **펴낸곳** 굿웰스북스 | **총괄** 임종익

등록 제 2020-000123호 | **주소** 서울시 마포구 양화로 133 서교타워 711호

전화 02) 322-7803 | **팩스** 02) 6007-1845 | **이메일** gwbooks@hanmail.net

© 김도사(김태광), 김희정, 굿웰스북스 2021, *Printed in Korea*.

ISBN 979-11-91447-71-2 03190 | **값 15,000원**

책을
읽고 나서야
알게 된 것들

김도사(김태광) 기획 — 김희정 지음

굿웰스북스

나는 나를 사랑하기로 했다
가장 쉬우면서도 가장 어려웠던 일

나는 행복한 여행자이고 싶다. 이제는 그렇게 살아도 된다고 나에게 말해주고 싶다.

삶이 힘에 부칠 때 '참 많이 힘들었구나….'라고 해주는 사람을 찾기란 쉽지 않았다. 온전히 나를 위로해주고 진심어린 공감을 해주는 사람도 많지 않았다. 그러나 책은 달랐다. 나에게 위로와 공감이 필요할 때 다양한 책의 제목들이 나에게 말을 건넸다. 『나는 나로 살기로 했다』, 『늘 다정한 사람, 정작 내 마음은 돌보지 못하는 미련한 나에게』 등의 제목들이 그랬다.

책들은 나를 잘 이해해주었고 내 심정을 대변해주었다. 마치 토닥토닥 내 어깨를 두들기며 '에고고, 참 잘 버티고 있어. 잘 견뎌내고 있어. 조금만 참아. 세상은 다 그렇게 살아가는 거야.'라고 말하며 힘을 주는 것 같았다.

나의 성향일 수도 있다. 사람들마다 살아가는 방식이 다 다를 것이다. 나는 힘들수록 조용히 책 속으로 빠져 현실을 외면하고 싶었다. 뭔가에 집중을 한다면 부정적인 생각을 하지 않을 수 있었기 때문이다. 책은 그렇게 나를 치유해주었다. 힘들 때 내 속내를 다 드러내도 괜찮다고 위로해주는 따뜻한 친구처럼 말이다. 내가 필요할 때 늘 내 옆에서 함께하는 나의 동반자처럼 책은 짧지 않은 인생에 항상 함께했다. 책 속의 말들은 내 항해의 이정표가 되어 지금도 언제나 바른 생각으로 세상을 바라보게 한다.

책이 다가왔다. 책이 좋아졌다. 책을 사랑했다. 나는 책이 좋다. 책 읽는 나만의 시간을 사랑했다. 자기계발을 원래 좋아하지만 집중해서 오로지 한 가지에 몰두하는 것을 좋아하는 성격도 한몫을 했다. 강해야만 했던 내 인생에서 책은 내 마음이 흐트러질 때마다 단단하게 붙들어주었고 더 견딜 수 있다고 위로를 해주었다. 너무 힘들어서 혼자 속으로 삭히던 내 젊은 날을 무수한 책들의 속삭임이 살렸다.

세상은 호락호락하지 않았지만 나는 견뎠다. 그 기나긴 인고의 세월이 이제는 말해주는 것 같다. 참 잘 살아왔다고 말이다. 그리고 아직 남은 너의 인생에, 더 큰 너의 미래에 앞으로도 무수히 많은 책들이 함께할 것이고 이제는 그것을 함께 나누라고 말이다.

　사람에게 받은 상처는 누구도 치유해줄 수 없을 것처럼 마음이 아프다. 그 또한 시간이 지나면 나아질 것을 알지만 그 아픔은 온전히 스스로 견뎌야만 했다. 혼자서 울고 삭히고나면 긍정적으로 세상을 바라보자. '잘 견디어 왔잖아.' 하고 스스로에게 힘을 주자. 모든 것이 나의 생각에서 비롯된다. 내가 아픔과 부정을 바라보고 안 좋은 것을 바라보아도 나의 생각은 늘 올바른 길을 찾고자 하고 밝음을 보기를 희망하고 있다. 이 모든 것은 책에서 배웠다. 너의 잘못이 아니라고, 조금 더 이 악물고 세상을 마주하자고 말이다.

　세상은 불공평하다고 불평했었다. 더 편하고 부유한 환경의 사람들이 마냥 부러웠다. 세상이 구렁텅이로 나를 밀치는 것 같았다. 인생의 중반까지 앞만 보고 달려왔지만 아직도 내 삶이 힘들어 길게 한숨을 내쉬었다. 하지만 모든 건 내 마음가짐에서 비롯된다는 것을 깨닫고 다시 한번 마음을 다잡는다. 사람에게 주어진 모든 경험은 다 쓸데가 있고, 그 경험이 지혜가 되고, 길게 내뱉은 한숨이 있었기에 먼 훗날 더 큰 여유가 온다는 것을 잊지 말자. 삶을 살아보니 가장 힘들 때 가장 많이 성장했던 것 같다. 지나고 보니 그 어려움이 한층 더 성장할 수 있는 버팀목이 되어주었다.

나는 남을 잘 배려하고 착하다는 말을 들으며 자라왔다. 이제는 남에게 착한 것이 아닌 나에게 착하고 싶다. 나에게 하는 말에 더 집중을 하고 싶었다. 나는 책을 읽고 또한 글을 쓰면서 나를 가장 잘 알게 되었다. 나와 무수히 많은 대화를 하며 나를 위로해주고 싶다. 이제는 스스로를 더 사랑하라고 말이다.

사람들마다 좋아하는 취향, 좋아하는 사람, 좋아하는 관심분야가 다 다르듯 자기가 좋아하고 행복한 일을 찾아갈 때 삶을 진정 즐길 수 있다. 나는 책과 함께할 때 내가 제일 행복하다는 것을 안다.

나와 함께한 책들에게 참 고맙다고 말하고 싶다.
나를 사랑해야 남도 사랑할 수 있다는 것을 깨닫게 해주어서….

CONTENTS

1장 왜 내 인생은 매일 똑같기만 할까?

2장 문득 책을 읽고 싶었다

3장 독서로 나는 전혀 다른 사람이 되었다

4장 한 달에 10권 읽는 독서 습관

5장 책을 읽고 나서야 알게 된 것들

왜 내 인생은
매일 똑같기만 할까?

왜 내 인생은 매일 똑같기만 할까?

여느 아침과 똑같이 헐레벌떡 지하철을 타고 나의 직장이 있는 곳에서 하차를 한다. 지하철 소리는 항상 똑같다. '그래, 오늘도 아침 도장을 찍었네…'.라는 생각과 매번 반복이다. 하지만 이제 내 인생 40대 중반을 향하니 서서히 내 안의 내가 나를 알아달라고 한다.

지하철에서 내려 직장까지 15분 정도 걸어간다. 그러다 나에게 질문 아닌 질문을 던진다. '넌 언제까지 이렇게 일만 할 건데?' 이제 나이가 들었다는 뜻이겠지. 왜 인생 40쯤 살아보면 이제 삶의 경험과 지혜가 쌓이고 이젠 앞으로 남은 날이 유한하다는 것을 깨닫게 된다. 나의 직장이 있는 여기 부산의 도심은 20대에 내가 첫 아르바이트를 했던 장소이기도 하다. 아침부터 저녁 마감까지 달걀을 까고, 청소하고, 서빙하고, 배달을 하며 보냈던 곳이다. 내가 원해서 한 일은 아니었다. IMF가 터지고 엄마가 힘들어서 나에게 휴학을 하라고 했다. 엄마가 하시는 장사가 안 되고 집에 돈이 없어서 그렇게 해야 했다. 나는 그렇게 자랐다. 어릴 때부터 집안의 경제력을 엄마가 책임지고 아픈 아버지의 존재는 없다시피 했다. 늘 일만하는 엄마를 보면서 살았다.

누구에게 의지하고 살아오지 않은 엄마의 모습을 보면서 나도 그렇게 된 것 같다. 나이가 들고 자식을 낳아보니 엄마의 그 힘은 우리 자식들을 보며 나왔다는 것을 깨닫게 되었다.

인생의 중반을 되돌아보니 참 일만 하고 살아왔다. 그 안을 가만히 들여다보니 내 어린 시절 내면의 힘이 나를 사랑하는 힘을 길러주지 못했다는 것을 알 수 있었다. 부모의 역할이 가장 중요한 이유이다. 나는 평범한 아버지를 두지 못했다. 정상적인 사회생활을 못하는 나의 친아버지는 초등학교 시절 참 다정하고 음식도 만들어주고 선생님 가정방문에 커피를 내어줄 정도로 인자하신 분이셨다. 하지만 남모를 병이 있었고 약의 효력이 떨어지면 다른 인격의 소유자가 되어 완전히 다른 사람이 되었다. 그래서 그럴 땐 우리 가족은 새벽이라도 밖으로 도망쳐야 했다. 칼부림이 난무하던 어린 시절, 항상 내 마음 한편에는 불안함이 있었다.

딸이라면 가장 사랑을 받아야 할 아빠에게서 사랑을 받지 못하고, 엄마는 가장의 역할을 해야 함에 집안을 돌보지 못하니 나는 항상 혼자인 게 익숙한 아이였다. 엄마는 첫째 오빠와 나와 여동생 세 명을 먹여 살리기가 빠듯했을 것이다. 내가 아이 셋을 낳고 길러보니 엄마가 참 의지할 남편 없이 세상 살기 힘들었겠다는 것이 느껴진다. 내가 일만 부여잡고 있는 것도 사실 다 나의 내면의 아이를 이해하지 못해서였을 것이다.

이렇게 힘들었던 삶에도 엄마는 어릴 적 공부 못 한 꿈을 나에게 찾으려고 했는지 실업계에 가서 돈을 벌어오라고 했을 수도 있었으나 인문계를 가서 공부하라고 했다. 하지만 나는 공부를 그렇게 잘한 것도 아니어서 서서히 고3 때부터 공부는 내 길이 아니라고 판단하고 내가 좋아하고 잘하는 미술과 체육에 관심을 쏟기 시작했다. 나름 재능도 있고, 실력도 있었으나 문제는 시간이었다. 대학 입시만을 바라보며 미리 준비한 예체능의 아이들이 얼마나 많겠는가? 나의 첫째 아이가 지금 야구를 일찍 시작하는 것도 그 하나의 꿈을 위해 달려가는 시간을 무시 못 하는 이유이다.

그렇게 체대를 꿈꾸고 매일 운동장을 달렸던 1년이었지만 실패하고, 인문계에서 전문대를 간다고 생각하니 내 자신에게 오기가 생겼다. 그때부터 나는 공부를 했다. 독서를 하기 시작했다. 1학기 수업에서 좋은 성적을 받고 학과 자격증도 바로 따고, 총무도 하고 장학금도 받고 그랬다.

엄마가 휴학을 하라고 하면서 잠시 공부를 중단하고 또 새로운 일을 했지만 책을 놓지 않았다.

　1년간의 휴학 기간에 1년 동안 일을 했다. 사실 고등학교 졸업 후 나는 생계가 중요해서 혼자 처음 화장을 하고 복국집 아르바이트를 하러 갔었다. 사장님은 3일 일하고 나보고 그만 나오라고 했다. 아무래도 무거운 것을 들고 나르고 해야 하는 일들을 20세 소녀가 하기에는 좀 힘들었던 것 같다. 다시 복학 후 그때도 학과공부를 충실히 했다. 과가 유통학과이다 보니 교수님의 소개로 새로 오픈하는 세이브맥스 대형마트에 취업을 했다. 첫 직장이라 부푼 꿈을 안고 다녔으나 실제 사회는 학교하고는 달랐다. 나보다 스펙이 낮은 사람도 경력이 있다는 이유로 조장과 고객센터의 중심이 되었고, 나에게는 일개 계산원을 시켰다. 나는 이곳이 내가 있을 곳이 못 된다고 생각하고 대기업인 롯데쇼핑몰을 서울과 부산을 오가며 3차까지 면접을 보고 합격을 했다. 나는 지방 천안 롯데마트 오픈멤버를 시작으로 열심히 일만 하며 5년 동안 전국의 롯데마트 지점을 다니며 시장 조사하고 파견 근무하고 최종 서울역점 오픈조장으로 정점을 찍었다. 마트라는 곳은 남들이 쉴 때 더 바쁜 곳이고 늦게 마치고 서비스업이다 보니 모든 게 그 안에서 사람들과 함께 놀고 움직이게 된다.
　그렇게 나의 20대에는 생계를 위한 일이라서 일의 재미보다는 먹고 살 걱정에 죽자고 일만했다. 공부가 하고 싶었다. 여자라면 그래도 나중에 내 자식을 위한 공부, 유아교육공부를 하고 싶었다. 때마침 대학 후배가 보육교사과정 1년이면 보육교사를 할 수 있다고 해서 생태교육으로 유명한 부산대부설 어린이집에서 보조교사를 하면서 학업을 병행했다. 일본의 유아프로그램을 공부하러 후쿠오카에 있는 일본 유치원 견학도 가고 실습도 했다. 처녀시절에는 공부만 하는 것은 재미있었다. 그러나 사회에서는 달랐다.

사실 선생님이라는 호칭을 듣는 것이 어색했다. 열심히 하는 내 모습을 보고 실습 갔던 유치원에서 4세반 담임까지 제안을 받았으나 그동안 20대 내가 사회에서 생계를 일한 일에 비해 사명감과 책임감을 바칠 용기가 없어 포기했다. 그때는 보육교사에 대한 처우가 좋지 않았다. 그동안 내가 받았던 보수에 비해 하는 일은 너무 많으나 힘들다는 이유였다. 나는 생계가 더 우선이었기 때문이다.

어느덧 30대, 이제 결혼을 하고 아들 셋을 낳고도 나의 일은 계속된다. 경제신문을 집에 있으면서도 챙겨 볼 때라 신문에서 롯데백화점 광복점 오픈 캐셔를 뽑는다는 광고를 봤다. 센텀에 있는 벡스코 박람회 개최하는 곳에 가서 바로 면접을 보고 합격을 하고 또 일을 시작했다. 이때는 첫애가 19개월 때이다. 첫 어린이집을 보내고 시어머니가 근처에 홀로 사셔서 케어해주시고 그래서 또 시작된 백화점 일이었다. 그러나 둘째를 가지고 스스로 퇴사를 하고 집에서 아이를 케어했다. 그러면서 아이스크림 시식행사장에서 시식알바도 했다. 마트에 있을 때 책임자까지 했던 내가 시식알바를 하고 있으니 자존심 상하기도 했지만 엄마니까 할 수 있었다. '내가 낸데.' 이것은 사회에서는 통하지 않는다. 까라면 까야 하고 네가 필요해서 들어온 회사는 너를 부릴 자격이 있고 너는 필요한 돈만 받아 가면 된다.

둘째를 낳고 콜센터 상담사 일을 다시 시작했다. 마트에서의 교대근무에 비해 정상적인 9시부터 6시까지 근무였고 그 시간에 비해 돈의 메리트가 있어서 시작한 일이었다. 여기서 근무한 지 6개월쯤 셋째를 가지게 된 것이다. 육아휴직 1년 빼고는 일을 손에서 놓지 않았다. 이제 10년 차이다. 그동안 해왔던 무수한 일들은 모두 서비스업이다. 사람들과의 관계에서 일어나는 일들이다. 내 감정보다 상대, 즉 고객을 우선하는 일이라는 것이다.

그러면서 내 안에서 올라왔던 질문들이다. 넌 언제까지 일만 할 거냐고, 그래서 너의 삶은 행복하냐고, 너 김희정이라는 사람은 어디에 있냐고.

사실 40대인 나는 지금 내 집 한 칸은 있고 남편과 맞벌이를 하니 기본적인 생활은 한다. 그러나 첫 아이가 야구에 대한 꿈을 가지기 시작하고 다른 아이들도 서서히 커가고, 우리 부부도 늙어가고 시간의 한계가 있다. 그리고 무엇보다 내가 하고 싶은 일을 하면서 살고 싶다.

지금도 나는 아침마다 헤드셋을 끼고 내 감정을 참고 여러 사람들의 불평과 불만, 요구사항에 맞춰주고 회사에서 시키는 목표와 영업을 위해 귀로 사람들을 만난다. 이제 올해로 10년 차다. 우리 집 막내를 여기서 가지고 열 달 동안의 임신기간에도 나는 일을 했었고, 출산 이후에도 계속해서 일을 하고 있다. 한 여자로 태어나서 죽는 순간까지 가장 후회하는 것이 무엇일까? 나는 끊임없이 내 안의 나에게 질문을 한다. 너는 사회생활 24년 차 동안 정작 너를 위한 일은 무엇이었냐고. 지금 다른 사람들의 꼭두각시 노릇을 하고 있지 않느냐고. 너는 누구의 행복을 위해 그렇게 노력하느냐고. 정작 너는 죽어라 일만 하고 있는데 그것을 누리는 사람은 오직 너가 맞는지, 그렇게 반복되는 인생과 똑같기만 한 삶은 네가 끌어당긴 게 아니냐고.

직장인에서 벗어나 성공한 많은 성공자도 대부분 나 같은 질문으로 시작했다. 이제 내가 진정 그 답을 찾아야 한다.

02

어느 날 한 권의 책이 나에게 말을 건넨다

고등학교 체대 진학을 실패하고 여고를 나와 전문대를 간다는 것이 조금 나 자신에게 부끄러웠다. 친구들은 원하는 4년제 대학교에 모두 진학을 했으나 나는 고등학교 때 내가 원하던 꿈을 실패했다. 고3 담임선생님께서 그때 핫한 유통경영과를 추천해주셔서 부산의 반송이라는 외곽지역 전문대학교에 진학을 했다. 사실 여기 말고도 부산여대 식품영양학을 같이 넣어 합격을 했으나 영양사보다는 유통경영이 더 크게 와 닿아 그냥 선택했던 학과였다. 그때는 반송이라는 곳도 처음 가봤다. 부산에 오래 살았지만 외곽지역이라 우리 집 사상구 모라에서는 2번 버스를 타고

가야했기 때문이었다. 대부분 고등학교 때 열심히 공부만 한 아이들은 대부분 대학교의 부푼 꿈을 안고 조금 느슨해진 마음으로 새 학기의 분위기로 시작을 한다. 그러나 나는 조금 달랐다. 여고를 나와 4년제 대학교 진학을 실패해서 나는 나 자신에게 여기서는 1등 장학금을 목표로 공부만 했다. 한 학기 공부를 하고 처음 전공자격증인 유통경영 3급도 바로 땄다. 전공 교수님의 치열한 가르침도 있었다. 현업에서 마케팅과 유통경영을 직접 경험하고 오신 분이라 학생들을 나인 투 나인(아침 9시에 학교에 와서 저녁 9시까지 학교에서 공부하기)으로 공부를 시켰다. 지금 생각해보니 유통업체가 교대 근무가 많고 밤늦게 일하고 남들 쉴 때 바쁜 곳이다 보니 학교에서부터 그렇게 공부를 시켰다.

그리고 2학년 취업을 할 때쯤이면 학과 수업 중에 정장을 입고 모의 면접을 본다. 학과에 필요한 공부와 실전에서 필요한 공부를 같이 시켜주었다. 고등학교와는 전혀 다른 공부 방식이 재미가 있었다. 나는 인문계 3년 동안 어떠한 목표가 있어 공부를 한 것이 아닌 그냥 학교에서 시켜서 한 공부이고, 고3 때는 이미 체육으로 전공을 정해 매일 거기에 집중하다 보니 나를 위한 진정한 공부가 그때부터 재미있었다. 학과에서 내주는 필독서들을 그때부터 보면서 내 생각이 많이 바뀌는 계기가 되었다. 한창 책에 빠질 때쯤 지금도 생각이 난다. 『지식 혁명 보고서』 리포트로 내준 책을 집에 가면서 버스에서 봤다. 너무 재미있었다. 책이 재미있다는 것을 처음 깨달았다. 책에서 말하는 내용이 내 삶의 통찰력을 확장시키고 더 다양한 생각을 하게 만들어서 그때부터 책을 계속 읽었던 것 같다.

그 책에 꽂혀서 읽었던 내용을 지금 책을 쓰면서 내가 메모해서 다시 읽으니 새롭게 다가온다.

책에서 말하는 저자들의 생각이 내 생각의 폭을 넓게 만든다. 깊이를 깊게 만든다. 그리고 삶을 바라보는 관점을 달라지게 만든다.

학식을 많이 쌓은 대학교수만 지식인이 아니라 자신의 일을 개선, 개발, 혁신해서 자기 몸값을 높이는 사람도 지식인이다. 책은 그 사람의 생각과 가치관을 말하고 있기에 내가 이 세상 모든 사람들을 만날 수 없고 우리 선조들의 삶의 가르침과 통찰력을 우리가 현재 알 수 없음에도 그 시대의 사상가들이 어떻게 생각하고 깨달았는지까지 책을 통해서 알 수가 있다. 왜냐하면 글을 쓰는 것은 그 사람의 생각을 적고 깨닫고 견문을 넓혀 가는 것이기 때문이다. 그것을 우리는 책을 통해서 알수 있고 또 후세에 보고 듣고 깨달은 것을 남기는 것이 우리의 일이다.

이 한권의 재미에 빠지면서 나는 지금까지 책을 계속해서 가까이 해왔고 지금도 계속해서 일을 하고 세 아이를 키우면서 책을 읽고 있는 것이고, 그리고 내가 작가가 되어 또 책을 쓰고 있다는 것이다. 힘든 가난이 싫어 죽자고 일만하고 달려온 내 인생에 언제나 책이 있었기에 버틸 수 있었던 것 같다. 내 마음 힘듦은 이렇게 겪어본 사람만이 알 수 있으니깐 말이다. 주변에서는 그런 사람을 직접 찾을 수 없으니 그것을 대신해서 말해주는 책 속의 작가들이 나에게 항상 힘이 되어주었다.

어떤 날, 삶에 힘이 부칠 때 김수현 저자의 『나는 나로 살기로 했다』가 마음의 무게를 덜어주며 희망을 건네준다.

"자아 효능감이란 자신을 돌보며 현실적 문제에 대처할 수 있다는 자기 신뢰이자 자신감이고,
자기 존중감은 스스로를 존중하며 사랑받을 가치가 있다고 여기는 마음이다."

이 글을 읽으면서 또다시 깨닫는다. 그래 나는 자기 효능감은 있지만 자기 존중감은 갖지 못했었구나. 왜 나에게 사랑을 주는 부모의 존재가 없었을까. 그래서 내가 지금까지 살아오면서 그렇게 일만 하고 살았으나 내 안의 부족한 그 결핍으로 그 사랑을 계속해서 사랑을 확인 받고 싶어 하고 더 사랑을 받으려 내가 남에게서 그 사랑을 확인받으려 하고 있다고 다시 한 번 깨닫는다. 내가 스스로 아주 뛰어난 능력이 많고 네가 이룬 성과는 엄청 많으나 정작 본인은 사랑을 받을 만한 가치가 없다고 느끼는 자기애가 부족했구나! 그래서 계속해서 다른 가치를 찾고 성취하고 도전하고 그러면서 주변사람들의 사랑을 확인하고 싶어 하는구나 다 나

의 문제구나! 이렇듯 나는 삶에 이래저래 부딪칠 때 사람을 직접 대하기보다는 책을 통해서 대리만족을 했던 것 같다. 너의 삶도 힘들지만 나의 삶도 힘들었다. 그러니 견디라고 말이다.

학교에서의 독서를 통한 성장과 학과 공부를 위해서 도서관에서 혼자 자료 찾고 아침 등교 전 미리 도서관에서 신문을 보고 학교 앞자리에서 매일 공부만 했던 한 20대의 열정적인 소녀가 보인다. 뭔가를 위해 열심히 할 수 있는 것은 언제나 도전이다. 뭔가 성취했을 때 느끼는 쾌감과 나에 대한 신뢰가 계속해서 쌓여간다. 고통이 없다는 것은 그만큼 삶을 치열하게 살지 않았다는 것이다. 삶을 살아내기가 너무 힘들어 죽고 싶다고도 생각을 하는 것이다. 그냥 이냥 저냥 사는 사람은 삶도 대충 살아가기 때문에 힘든 것도 느낄 수가 없다.

세상에 막 치여 삶을 살다 잠시 휴식하고 허리 한번 펴고 돌아봤을 때 "그래, 너 참 치열하게 세상 산다고 힘들지. 그래, 앞으로 더 노력해."라고 말을 해준다. 그것이 진정 땀 냄새, 인간냄새 나는 인생을 살아가고 있는 것이다. 그 속에서 책 한권의 위로가 얼마나 따뜻하겠는가! 얼마나 위로가 되겠는가! 요즘 같이 더 삭막한 세상. 사람 마음이 다 내 맘 같지 않고 서로의 이익에 이끌려 살다 보면 계산적인 관계가 되는 것이다.

사회의 조직 안에서 살기 힘들었을 너한테 너는 당찬 삶을 살아 라고 한다. 그렇게 성장해야 한다고 말한다. 많이 힘들지. 그래 고생했다. 그래 더 성장해야 한다. 그렇게 책은 나에게 위로와 공감을 주었다. 사람들과의 대면이든 비대면이든 그동안 사람과 상대를 하는 업무를 20년 이상 해오고 무수한 사람들과 대화를 하고 들어주고 마주하고 응대하며 나는 그 사람들의 부탁이나 공감, 내 감정보다 그 사람들의 중심에 서 있었다. 그래서 나는 그렇게 혼자서 책을 펼치고 일 외에는 사람들과의 관계가 없는 혼자가 편한지도 모르겠다. 그땐 오로지 나만의 감정에 집중하면 되니까 말이다. 그런 나의 감정은 이제 책들이 위로를 해준다. 너 산다고 욕본다. 그래 이번에 여행을 어떤 여행지로 떠나볼래? 그러면 나는 여행책의 그 나라 안에서 이미 여행을 하고 있다. 산토리니 파란색 지붕, 새하얀 벽, 끝없는 바다, 펼쳐진 드높은 하늘, 모든 게 예쁘고 사랑스럽다. 그래서 내가 나의 첫 책, 여행 육아 책을 펴내기도 했으니 말이다. 아무래도 사회에서 못 풀었던 감정들을 나는 여행으로 위로 받고 그 책을 또 펴내고 또 글로 풀고 있으니 진정 행복한 작가 엄마로서의 행복을 느끼고 있다. 꿈이 있다는 것은 행복이다. 내가 하고 싶고 도전하고 싶은 꿈들이 가득한 꿈 세상에서 사랑을 하고 사랑을 받고 또 세상에 그 사랑을 나누고 얼마나 행복한 삶인가!

책이 다가왔다. 내가 더 다가갔다. 내가 필요할 때 나는 더 집요하게 그것에 몰두한다. 왜 나는 내가 하고 싶은 것을 해야만 하는 사람이란 것을 아니까. 그러나 내가 필요 없거나 관심 없는 것은 철저하게 끊어낸다.

그게 나의 단점이자 장점이다. 한 번 좋아한 것이나 목표한 것이 있다면 오로지 그것에만 집중하고 다른 것은 눈길조차 주지 않지만 한 번 틀어지거나 내가 아니라고 판단하면 뒤도 없이 돌아선다. 그리고 스스로 정리를 한다. 내가 필요한 만큼 내가 아프지 않을 만큼만 거리를 둔다. 그리고 가장 나다운 나를 찾자고 말한다. 그게 내가 살아온 나의 힘이었다. 내가 스스로 상처 받을 힘을 견디지 못한 내 아픔이라 말하고 싶다. 내 안의 나를 지키기 위한 나의 내면아이의 사랑이 부족함이라고 이제 깨닫는다. 이제는 그렇게 하는 것이 좋지 않다고 한다. 달라져야 한다고 한다. 네가 그렇게 상처를 끌어안지 않아도 된다고 한다.

무수한 책들을 보고 이제는 또다시 깨닫는다. 네가 잘못된 게 아니고 너의 환경으로 너의 성격을 만들어왔던 것뿐, 너는 이제 그렇게 너의 마음의 소리에 귀 기울여 살아도 된다고 말이다.

03

가난한 슬레이트 집, 연탄불,
혼자인 게 익숙한 아이

우리 집 작은방 창문으로 윗집 친구이름을 부른다. "둘!" 내가 놀고 싶을 때 서로의 암호를 불러서 놀았다. 그냥 친구 집으로 가서 같이 놀자고 할 수 있으나 친구 엄마가 나랑 노는 것을 싫어 하셨다. 딱히 나를 싫어 하는 이유는 잘 몰랐으나 지금 생각해보면 부모도 똑바르지 않고 제대로 된 가정이 아니다 보니 나랑 노는 게 자기 아이한테는 좋지 않다고 판단 했던 것 같다. 지금 우리 아이들 친구들을 보면서 그 생각을 해봤다. 변변치 않은 친구들 보다는 제대로 된 가정에서 부모의 사랑을 많이 받고 자라난 아이들은 다르기 때문이다.

친구는 윤정이라는 예쁜 이름이 있었으나 집에서는 둘레라고 불렀다. 그래서 우리 둘은 부르기 쉽게 "둘", 친구는 나를 "희"라고 불렀다. 나보다 학년으로는 한 살이 어렸으나 동네 친구들이 없다 보니 그냥 친하게 지냈다. 어릴 적 내 맘이 통하는 유일한 친구였고 다른 친구들은 없었다. 우리 집이 가난하다 보니 집으로 학교 친구를 데리고 온 적이 거의 없었다. 학교 마치고 아픈 동생을 챙기고 집으로 온 기억밖에는….

우리 집은 부산 범일동 산복도로에 있었다. 나이가 들어 지금도 한 번씩 생각나서 가보면 그 집이 그 자리에 그대로 있다. 그 집에 대한 기억은 집은 그리 크지 않으나 앞집 뒷집 방이 대여섯 칸이 있고 슬레이트 집 재래식 화장실이 집 밖에 있어서 불편했다는 것이다. 엄마의 얘기에 따르면 어릴 적 우리 친아버지의 집은 서면에서 내로라하는 쌀집 부자였다고 한다. 그러나 병이 있는 것을 속이고 결혼한 아버지가 마땅히 일을 못할 것을 아시고 할아버지가 월세라도 받고 먹고 살아야 하니 나름 생각해서 장만해주셨다고 한다. 나중에 이 집은 생활보호 대상자를 만들기 위해서 큰할아버지 이름으로 바꾸라고 해서 바꿨다가 큰아버지가 파산하면서 영영 남의 손에 넘어갔지만 말이다. 아빠가 정상적인 생활을 할 때는 나름 행복한 가정이었다. 엄마랑 아빠랑 젊을 때 사진을 보면 행복하게 찍은 사진도 많고, 아빠의 병도 엄마는 모를 정도로 결혼생활 초기에는 괜찮았다고 한다. 그러나 막내 동생이 옥상에서 떨어지고 교통사고를 당해 우리가 몰랐던 뇌종양이라는 병명을 진단받고 동생의 병이 악화가 되면서 아빠가 충격을 받아 또 병이 심해지셨다. 아빠는 형제 복지원에 매번 입원을 하셨다. 설날이나 명절에 엄마와 오빠와 나, 동생은 아빠가 없이 대궐 같은 부잣집에서 맛있는 음식을 먹고 제사를 지내고 산소에 성묘를 하고 꼭 돌아올 때면 아빠에게 면회를 갔었다.

엄마는 이러한 생활에도 늘 활발했던 것 같다. 20살에 시집와서 하고 싶은 것도 많고 누리고 싶은 것도 많았을 나이인데 힘들어서 포기하고 우리를 버리고 갔을 수도 있었을 텐데…. 큰아버지가 우리를 고아원에 주고 가라고 했다고 엄마는 한 번씩 말씀하신다. 그러나 엄마는 그래도 자식이라고 포기하지 않고 길러 내셨다. 지독히도 힘든 생활고를 겪으면서도 말이다. 나도 자식 셋을 낳고 엄마를 이해하게 된 것은 그래도 여자로서, 엄마로서 우리를 버리지 않고 길러준 것에 감사함을 뼈저리게 느낀다. 많이 힘드셨겠다… 우리 엄마.

아빠가 병원에서 상태가 좋아지면 다시 집으로 와서 정상적인 생활을 했다. 이때는 엄마랑 잠깐 떨어져 있을 때 내가 집안의 엄마 노릇을 하면서 아빠가 주시는 용돈으로 반찬도 사고 집안일도 하고 그랬었다. 엄마가 해오는 맛있는 반찬들과 항상 예쁜 옷을 입고 예쁘게 단장하고 오는 여자아이들이 나는 부러웠다. 내세울 것이 없는 나는 항상 집에서 혼자

TV를 보면서 그림을 그리거나 그나마 우리 집을 잘 아는 동네친구들과 항상 어울려 다녔다.

동생은 많이 아팠다. 내 나이 12세 때 동생은 하늘나라로 갔다. 참 예쁜 동생이었는데, 예쁜 동생이 병원에서 1년 이상 견디고 대수술을 받고 머리에 반 이상 칼자국이 선명히 있는 동생을 보면 참 안쓰러웠다. 동생이 죽기 전에 밤마다 계속 올렸다. 많이 힘들었을 것이다. 아빠와 나는 밤새 번갈아가며 동생을 간호했다. 작은방에 동생은 혼자 있었다. 온방에 구토냄새가 범벅이 되고 한날은 매일 혼자 자는 동생이 아빠보고 그날은 같이 자자고 했다고 한다. 죽기 전 마지막 밤 나는 학교에 갔다 와서 집안에 놓인 네모난 밤색 관을 보고 동생이 죽었다는 것을 알았다. 그 자리에서 목 놓아 울지 못했다. 화장실에 가서 울었다. 그때 사람이 죽을 수도 있다는 것을 알았다. 난 죽음이 익숙하지 않았지만 동생이 죽고 엄마가 재가한 아빠의 죽음 그리고 최근에 죽은 외숙모를 보면서 방금까지 멀쩡하던 사람이 차디찬 시신으로 딱딱하게 굳은 나무장작 같은 돌처럼 된다는 것을 안다. 그리고 한줌의 재로 되어 그 손바닥만 한 한 평짜리 방으로 들어가기 위해 애쓰며 사나, 하는 생각을 해본다. 한줌의 재로 하늘로 흩어지고… 바다로 뿌려지고….

인생에서 많은 경험을 했지만 내가 짧디짧은 삶을 살아보니 이 모든 것이 사람을 성장시키는 동력이 된다는 것이다. 누구나 평범한 가정, 행복한 부모의 따뜻한 사랑과 관심을 받으며 온실 속의 화초처럼 오냐오냐 예쁜 우리 공주 하며 사랑받고 자란 여자는 또 그런 삶에 맞는 인생을 살 것이고, 나처럼 무소의 뿔처럼 혼자서 가는 강인한 여자는 온갖 시련과 역경을 헤쳐나가며 삶을 살아내고 있다. 나는 특별한 종교는 없지만 모든 종교에는 내가 믿고 의지하는 게 있을 것이다. 그러나 내가 바로 서면 종교에 의지하기 보다는 내가 나를 이끄는 내면의 힘이 강할 것이다.

슬레이트 집 작은방에는 집안에 나무가 움푹 내려와 바람이 불면 언제 무너질지 모르는 집이 있었고, 쥐가 있었고, 바퀴벌레가 있었고 언제나 혼자서 노는 내가 있었다. 산동네라서 온산을 뛰어다니는 건강함이 있었던 한 소녀가 보인다. 혼자서 여름방학숙제로 열심히 그림을 그리고 있는 수줍음이 아주 많은 내성적인 소녀. 그리고 조그만 상처를 아주 아프게 느끼는 아이다. 어릴 적 내 안의 힘이 부족한 이유이다. 남과 어울리는 것을 잘 못해서 남한테 상처받을 것을 미리 차단하고 내게 좋아하는 말만 해주는 사람만 찾는 아이. 그게 다 어릴 적 사랑을 받지 못해서 생겨난 나의 문제점이라는 것을 이제야 알게 되었다.

어느 날은 감기를 오래 두어 객혈을 해서 응급실로 가니 폐결핵이라는 진단을 받고 결핵약을 완치될 때까지 먹었다. 사회생활 하면서도 사람과의 관계에서 오는 상처로 내가 나를 이기는 힘을 몰라 상사의 칼날 같은 말들을 미리 걱정하여 내가 나를 견디지 못해 식은땀을 흘리고 그 자리에서 쓰러졌던 적도 있으며 지하철을 타고 가다 어지러워 정신을 잃고 쓰러지고, 고등학교 때도 육교를 가다 그 자리에서 쓰러져 턱이 갈라져서 지금도 상처가 있다. 모든 게 내 안의 힘이 내 몸을 지킬 힘이 부족해서였을 것이다.

나는 여자일까? 내 스스로 한 번도 예쁘다고 생각한 적이 없었고 남들과 눈을 제대로 잘 못 마주치고 내가 당당하지 못해 나 스스로 항상 주눅이 들어 있는 것은 문제이다. 현재 나의 모든 것이 가정사로 인해 비롯되었다.

가난은 죄가 아니다. 내가 태어난 배경을 내가 어쩔 수는 없다. 그러나 죽을 때 가난한 것은 나의 노력이 부족했다는 것이다. 나의 노력이 그렇게 하지 않았다는 것이다. 지독히도 가난해서 뭐든지 혼자서 생계를 책임져야 했다. 결혼해서 살아보니 남편이 많이 답답했을 수도 있었을 것이다. 뭐든지 혼자서 해결하고 항상 결론만 얘기를 해주니 지금도 남편과 대화를 해보면 나한테 그렇게 말을 한다. 뭐든지 상의를 하는 게 아니라 항상 내가 할 것을 이미 정하고 결론을 내고 통보를 한다고. 내가 이렇게 된 것은 나의 어린 시절의 영향이 크다. 항상 혼자인 게 익숙하고 가난했었고 연탄불이 꺼지지 않을까 추운 밤에 일어나서 연탄을 갈고…. 항상 스스로 모든 결정을 해야 하는 내 어릴 적 배경이, 모든 게 혼자여야만 하는 환경이 나를 이렇게 만들었다고.

04

살기 위해 책을 닥치는 대로 읽기 시작했다

내 마음이 힘들다고 한다. 내 정신이 힘들다고 한다. 내 삶이 힘들다고 한다. 그러면 나는 내 손에 책을 쥐고 있다. 책은 나에게 견디라고 말을 건넨다. 나보다 더 많이 힘들었던 책 속의 주인공들이 내게 말한다. 너 지금 힘든 거 나한테 비하면 상대도 안 돼! 그러니깐 더 버티라고, 그러면 시간이 흘러 해결해줄 것이라고 말을 해준다. 책은 나에게 그런 존재였다. 내가 생계를 위해 20대부터 일하면서 늘 친구처럼 연인처럼 나와 함께한 것이 책이다. 삶이 힘에 부치면 나는 내 마음의 치유가 되는 책을 찾으러 책방을 간다. 그러면서 책 속의 나에게 위로 하는 책들의 친구들에게 공감을 받았고 위로를 받았다. 그러면 내 스스로가 치유가 되었다. 그동안 내가 40대 중반까지 살아왔던 방식이었다.

초등학교 때부터 특출나게 튀지 않고 조용한 아이였다. 그러나 체육시간 만큼은 항상 우월했다. 초등학교 내내 학년 대표였으며 운동은 뭐든지 잘했다. 이러한 체력은 어릴 적 산동네를 마구 뛰어다니던 내 어린 시절이 한몫했다. 반에서 피구를 제일 잘하고 학년 대표 장기자랑 할 때도 반대표로 안무를 짜고 벽신문에 글을 적을 때 글씨를 예쁘게 쓴다고 나한테 하라고 했다. 남 앞에 나서서 손을 들고 발표하는 거 빼고는 참 쾌활하고 활발한 성격이었다. 내 힘든 가정사에 비해서는 말이다. 고등학교 1학년까지는 공부도 재미있었다. 혼자서 중상위권 정도는 했으니까 말이다. 그러나 고2부터는 진짜 공부머리가 있어야 되고 내가 그 정도까지는 못할 것 같아서 운동으로 진로를 바꾸었다. 지금 생각해보면 힘들었을 가정형편에 엄마는 하지 마라고 할 수 있었을 텐데 내가 원하는 것은 다 들어주셨다. 참 고맙다. 지금 내가 아이를 키우면서 엄마에게 감사한 것은 자식을 위해서는 뭐든 해주셨던 엄마의 사랑 덕분이다.

고등학교 때 하는 공부와 대학교 때 하는 공부는 완전 다르다. 여고 인문계 고등학교에서는 진학만을 위한 공부만 한 것 같다. 진짜 내가 공부가 좋아서 하는 게 아니라 입시로 학교를 가야된다는 그런 공부 말이다.

고3 때 매일 문제집을 풀고 수업을 듣고 교과서를 열심히 봤지만 나를 위한 공부는 아니었다. 우리네 한국 학생이 대부분이 그렇지 않을까? 내가 좋아서 하는 공부보다 입시를 위한 공부, 진정 공부가 좋아서 자기의 꿈을 찾아서 하는 책을 즐기는 아이는 이미 많은 것을 어릴 때부터 가진 것이다. 대학에서의 공부는 완전히 틀렸다. 교수님들의 강의를 듣고 시험도 모두 주관식이다. 쓰는 공부이다. 그리고 이제 진정한 공부가 시작이 된다는 것이다. 입시 위주의 책이 아닌 학과에 필요한 필독서를 읽고 리포트를 쓰면서 독서에 대해 새로운 경험을 한다. 그때 읽은 책 한 권으로 독서의 매력에 빠졌다. 집에서 학교까지 버스를 2번 갈아타고 이동거리가 길다 보니 차안에서도 열심히 책을 읽었던 것 같다. 그때는 공부만 하자고 맘먹고 대학을 온 거라 공부가 너무 재미있었다. 매일 누구보다 아침 일찍 앞자리에 앉아서 강의를 듣고 시험을 치고 학과에서 필요한 자격증을 모두 따고 했었다. 학과 위주의 공부도 재미있었고 유통이 전공이라 경영학도 배웠고 마케팅도 배웠고 백화점 마트 등등을 다니면서 시장조사하고 하는 것이 나름 재밌었다. 내가 좋아해서 하는 공부를 하니 성과도 나고 재미가 있었다.

언제나 생계가 먼저인 나에게 롯데에서의 생활은 나름 그 안에서는 재미가 있었다. 그러나 반복된 업무와 매일 부딪히는 사람들, 밤교대 근무는 너무 힘들었다. 나는 2교대 근무 중 오후에 근무할 때는 아침에 회사

근처에서 영어회화 수업을 들었다. 그리고 점심시간 제외 오후 1시간 꿀 같은 시간이 주어졌을 때는 거의 독서를 했다. 캐셔 여사원들이 그렇게 시끌벅적 수다로 휴식 시간을 보낼 때도 나는 틈나는 대로 책을 읽었다. 나는 할 일 없이 가만히 있는 것은 아침 명상 때 빼고는 없었다. 늘 내 손은 일을 하고 내 몸은 바쁘게 움직이고 있다. 나는 삼 형제를 건강히 자연분만 했다. 모두 1년간은 수유를 했다. 첫애를 놓고 혼자 육아하고 여름날 수유하면서도 아이에게 젖을 누워서 편하게 먹이고 나는 책을 읽었다. 그 시간마저 아까워했던 것 같다. 지금 생각해보면 뭘 그렇게 동동거리면서 살아야 했는지 참 의문스럽다. 지금 내가 내 의식을 계속 공부하고 내 안의 나를 마주하면서 깨닫는 게 있다. 너는 너를 사랑하는 힘을 남에게서 받기 위해 너를 그렇게 자기계발을 시키고 있었구나. 무엇인가를 모두 잘해내면 사람들은 잘하고 멋진 사람을 따르게 되어 있으니까. 그래서 내가 나를 먼저 사랑하는 힘을 더 길렀어야 됐는데 그걸 놓치고 있었다는 것을 깨닫는다. 내가 지금까지 나에게 일이 있어 내 생계를 유지 시켜주었다고 한다면 책은 그 생계의 일로 힘들 때나 괴로울 때 나에게 따뜻한 위안을 준 것 같다.

롯데 광복점에서 일할 때 둘째를 가지면서 그만두었지만 첫 애를 어느 정도 기르고 새롭게 시작하게 된 일이었다. 나는 언제나 새로운 일에 열정이 넘친다. 막 엔도르핀이 생긴다. 여느 아침 남편 보내고 아이와 집에서 지낼 때도 경제 신문을 읽었다. 구인 광고가 딱 눈길을 끈다. 롯데 백화점 광복점 오픈 캐셔를 모집한다고 한다. 내 마음은 이미 벡스코 취업 박람회장에 가고 있다. 이미 이력서는 여러 번 적어본 터라 금방 완성을 할 수 있었다. 첫애는 그렇게 어린이집을 19개월부터 가게 되었고 어머니에게 어린이집 마치고 하원만 부탁하며 애와 셋이서 맞벌이 부부의 삶을 처음 시작하게 되었다. 백화점 일은 각층에 있는 계산대에서 계산만 하면 되는 것이나 한 번씩 구석진 자리에 배정을 받게 되는 스케줄에는 계산하러 오는 사람도 없고 조금 외진 곳이라서 서랍에 걸쳐 책을 보곤 했다. 할 일없이 무료하게 있는 것보다 돈도 벌면서 내가 자기계발을 하며 생각할 수 있는 시간을 가질 수 있다. 백화점 근무하면서 조용한 곳 1층 명품관 사람들 움직이지 않는 주말이나 휴일아침에는 창밖에 광복점이라 남포동 바닷가 부둣가가 보인다. 일을 하면서 밖을 바라보고 일은 하고 있지만 잠깐 잠깐 두꺼운 책보다 얇고 읽기 좋은 책 한 권을 언제나 읽고 있으면 기분이 좋다. 업무에 방해 되지 않는 선에서 나는 책을 항상 가지고 다녔다.

잠깐 잠깐씩 보는 책도 있고 긴 장편소설책도 한번 재미를 들이면 재미나게 쭉 읽어내곤 했다. 20대 장우동 아르바이트 시절 같이 일하는 후배 녀석이 이 책 재미있다고 건네주었던 책, 유명한 추리소설 작가 시드니 셀던의 10권 시리즈였는데 후배가 한 권 읽고 나면 다음 권을 가져오곤 했다. 지금도 다 읽고 못 건네 준『게임의 여왕』은 내 책장 오른쪽 한 편에 꽂혀 있다. 책을 읽을 때는 오로지 그 안에 갇혀 내가 없기에 나는 힘들 때 책 속에 빠져 현실을 조금 벗어나곤 했다. 아니면 내가 어떠한 자기계발로 꿈을 키우거나 멋진 삶을 살아가는 성공자들의 책들을 보면서 저렇게 살아가는 삶의 철학을 책을 배우고 싶었기 때문이다.

내가 좋아하고 삶의 철학을 멘토로 삼고 있는 김미경 강사님은 내가 좋아하는 분이다. 내가 가고자 하는 꿈의 이상향과 늘 변화를 위해 자기를 가꾸어야 한다고, 꿈이 있는 아내는 늙지 않는다고 책에서도 말하고 현실에서도 그렇게 삶을 살아내고 계시기 때문이다. 혼자 아이를 키우는 그루맘 엄마들의 생활을 돕고 자기 꿈도 키우며 영어공부를 놓치지 않았고 그 영어로 세계 사람들에게 공연하는 것을 꿈꾸고 60대 자기만의 공부로 유학 가기 위해 언제나 공부 중인 삶을 나는 공경한다. 한 번뿐인 인생 인생에 얼마나 하고 싶은 것이 많고 즐길 수 있는 거리가 얼마나 많은가 건강한 내 신체가 있고 조금 즐길 수 있는 경제력만 있고 충분히 떠날 수 있는 시간만 된다면 말이다.

또한 오토다케 저자의『오체불만족』책은 말 그대로 한 사람의 인생이 저런 몸을 가지고도 살아갈 수 있다는 희망을 주었고『지선아 사랑해』의 저자 이지선 님의 삶에서도 여자로서 화상의 아픔을 딛고 일어나기까지

한 여정은 나한테 큰 자극을 준다. 그 외에도 서진규 님의『나는 희망의 증거가 되고 싶다』를 통해서도 가발공장에서 아픔을 극복하고 하버드까지 가게 된 저자의 자전에세이는 꿈이 얼마나 내 삶에 중요한지 알게 해주었다. 그는 책에서 이렇게 말한다. "세상에서 가장 나쁜 것은 희망 없이 산다는 것입니다." 그래서 무슨 일을 할 때 항상 세 가지 리스트를 작성하라고 말한다.

첫째, 나에게 꼭 필요한 것은 무엇인가.
둘째, 내가 가지고 있는 것은 무엇인가.
셋째, 나는 무엇을 준비해야 하는가.

이 세 가지 문제에 답할 수 있다면, 현재의 나를 정확히 파악하고 있는 것이다.

이러한 책 속의 저자들은 나에게 힘을 내라고 항상 격려했다. 그러면 다시 나는 사회에서 힘을 내고 더 잘 살아낼 수 있었다.

무수하게 힘든 환경 속에서도 책과 함께한 인생의 중반기다. 일이 있어 생계를 유지했고 그 힘듦을 오로지 책에 매달리며 같이 살아온 나였다. 힘들 때 누군가가 내 옆에서 공감하며 내 말들을 들어줄 수 있으면 얼마나 좋겠는가? 대부분의 사람들은 그리 한가하지 않고 나와 맞는 사람은 세상에 몇 명 없다. 너무나 힘들었던 삶이었다. 어린 시절부터 공부할 때는 오로지 주어진 책 안에서 정확한 결과만 나오는 성적으로 모든 것을 결론 짓게 된다. 우리에게는 그러한 명판을 위한 공부가 필요한 것이 아니라 내 안의 진정한 공부를 찾는 것이 중요하다. 20대 사회생활을 하면서 진정 나를 위한 공부를 시작했으며 그때부터 진정한 나만의 독서를 했다. 일에서 힘들었던 내 한편의 외로움과 고달픔을 책으로 버텨준 그 저자들의 책 속의 속삭임이 나를 살렸다. 그리고 지금도 살려내고 있다.

05

나를 알아달라고 세상에 외치고 싶다

6학년 10반 교실에 한 여자아이가 앉아 있다. 선생님이 수업시간에 발표할 사람 누가 손들어 볼까한다. 내 옆 짝지가 손을 들고 번쩍 들고 발표를 한다. 몇 번을 손을 들까 말까 고민하는 한 여자아이가 보인다. 그렇다. 나는 아주 내성적인 아이였다. 나를 표현하는 방법을 몰라 몇 번이나 고민을 해야 하고 생각한 것을 표현할 때 늘 망설이면서 하는 편이다.

나의 성격을 뭐라 탓할 순 없지만 이제는 나도 사람들 앞에서 부끄럼 없이 나를 당당하게 표현하고 싶다. 항상 남을 의식하는 내가 남의 차가

운 시선들을 신경 쓰지 않을 정도의 내 안의 힘을 기르고 싶기 때문이다.

나도 말하고 싶다. 매일 듣는 일을 하는 나는 현재 상담사이다. 사회에서 내가 한 일은 마트에서 고객센터 매니저 롯데백화점 계산원, 그리고 지금 하는 콜센터 상담사까지 모두 서비스업이다. 내가 원해서 하는 일이 아닌 대학에서 전공을 살려 취업한 이후 그 계통의 일을 계속해서 하고 있다. 20대에는 고객센터에서 각종 불평과 민원 사항을 직접 대면으로 처리하는 일과 또한 마트 여사원들을 관리하는 일을 했다. 서비스업을 해보면 모두 사람과의 관계로 이어지니 고객의 말과 직원들을 관리하는 관리자의 위치는 항상 사람들의 말을 들어주는 일이다. 백화점에서 고객과 직접 대면하는 일도 인간관계 그리고 지금 고객의 말을 전화로 상담하는 것도 모두 사람과의 관계에서 들어주는 서비스업이다. 고객의 불편사항과 민원사항을 처리하는 일이다. 내가 좋아서 한 일은 아니다. 나같이 내성적인 사람이 이 일을 계속해서 하고 있으니 고등학교 때 친구들을 만나면 그런다. 너는 너하고 성격이 전혀 맞지 않는 곳에서 오랫동안 일을 하고 있다고. 사실 겉으로 보면 나는 누구보다 활발하고 쾌활한 성격으로 본다. 그러나 이 성격은 사회에서 만들어진 성격이고 원래는 혼자 있는 것을 좋아하고 사람들하고 있을 때는 남에게 맞추어주기 때문에 힘들거나 지칠 때는 혼자가 편하다.

사실 내가 표현을 잘못하는 것은 가정환경의 탓도 크다. 엄마가 매일 바쁘고 집에 사람이 없으니 내 말을 들어주는 사람이 없었다. 내가 필요할 때 내가 힘들 때도 누구한테 말을 못하는 것은 내 가정환경이 준 나의 성격과 나의 어린 시절의 영향이 크다. 이제는 세 아이를 낳고 중년을 바라보는 나이이다. 이러한 성격을 가지고 있는 것을 보면 타고난 성격은 잘 바뀌지 않는 것 같다. 그러나 그러한 환경이지만 변화하려고 노력하고 또 다른 기회가 주어지고 또 그럴 수밖에 없는 환경이 나에게 온다면 우리는 변화를 할 것이다. 내가 계속해서 외향적으로 조금씩 나아가는 이유가 있듯이 말이다.

사실 난 말보다 글이 편하다. 사회에서 매일 일하고 사람들 만나는 시간은 일로써 만나는 사람이 많다 보니, 책으로 만난 책 속의 위인들과 때로는 그 책의 주인공이 힘든 역경을 딛고 이겨낸 간접경험을 통해서 위로를 받곤 했다. 책을 읽고 내 생각을 쓰는 것이 말을 하는 것보다 더 익숙한지도 모르겠다. 그래서 이렇게 작가라는 멋진 삶을 꿈꾸게 되었지만 말이다.

엄마는 매일 바쁘셨다. 어릴 적 엄마는 젊은 20대에 결혼해서 하고 싶은 것이 많은 철부지였는데 제대로 된 남편을 만나지 못했으니 얼마나 삶이 고달팠겠는가! 남과 다른 가장의 역할을 하다 보니 엄마도 엄마 나름대로 생계와 먹고 사는 일이 바빴다. 내가 필요할 때 엄마가 없었다. 나는 엄마의 따뜻한 사랑이 그리웠다. 엄마가 우리를 사랑하는 것은 맞는 것 같으나 일하고 가정생활에 힘들면 우리에게 화풀이를 했었다. 나는 그런 엄마의 화풀이가 엄마가 힘들어서 그러려니 하고 이해를 했다. 엄마의 사랑을 받고 싶은 나는 엄마가 좋아하는 것을 들어주는 게 엄마를 도와주는 거라고 생각을 했었다. 그리고 엄마가 시키는 대로 하는 항상 순종적인 딸아이였던 것 같다. 나도 엄마한테 힘들다고 대들고 철부지처럼 마냥 어리광을 부리는 아이인데 어릴 때부터 항상 뭐든지 혼자하다 보니 어른아이로 성장한 것 같다.

엄마가 내 말을 들어주는 게 아니라 내가 엄마의 말을 들어주고 있었다. 그러나 꼭 내가 하고 싶은 것은 내가 엄마에게 이야기하면 들어줬다. 엄마도 한편으로는 다 들어주고 싶으나 들어줄 수 없는 현실과 현재의 생계가 그냥 마냥 힘들었을 것이다.

내가 누군가에게 부탁을 하고 내가 필요할 때 말하지 못하는 이유가 있다. 지금에서야 생각해보면 그것은 거절에 대한 두려움이다. 결론은 내게 돌아오는 거절에 대한 상처를 나는 두려워하는 아이였다. 그게 뭐 대수라고. 이렇게 나의 삶에 한 부분에서 나를 힘들게 했을까! 지금 생각해보면 그것은 충분히 나를 사랑하는 힘만 있다면 견딜 수 있는 부분인데 말이다. 내가 내 안의 힘과 나쁜 소리 쓴 소리를 견딜 수 있는 힘만 있다면 훌훌 털고 일어날 수 있었을 텐데 말이다. 반대로 내게 부탁하는 사람은 여러 명 중에 일부에게 부탁을 한다. 꼭 내가 그 부탁을 안 들어줘도 그 사람은 그냥 아무렇지도 않게 필요한 다른 사람을 찾는다. 결론은 그것이다. 나와 생각이 다르다는 것이다. 나는 내가 부탁을 잘 거절을 못 하기에 부탁하는 것도 힘든 반면, 쉽게 하는 사람들은 쉽게 요청하고 또 쉽게 안 되면 말고 라고 생각하고 편하게 생각한다. 사람의 생각이 얼마나 중요한가를 알 수 있다.

혼자 노는 것이 익숙한 어린 소녀, 내 안의 나는 음악 듣는 것과 노래 부르는 것을 좋아하는 한 여자아이가 있다. 그 아이는 혼자서 집안 거울 앞에서 춤을 춘다. 보는 사람이 없어도 그것이 그 아이에게는 표현하는 수단이다. 굳이 말을 하지 않아도 내 몸이 나를 표현하려 춤을 추고 내가 하고 싶은 말은 노래를 불러 내 안의 나를 떨쳐낸다. 신나게 음악에 몸을 맡겨 신나게 춤을 추고 땀에 흠뻑 젖고 나면 얼마나 개운한가! 또 너무 힘들 때는 내 안의 소리를 고래고래 노래로 부르며 또는 그 노래에 맞춰 눈물을 쏟아 내면 얼마나 통쾌한가! 그것이 내가 살아온 방식이었다. 혼자 풀고 혼자 놀고 혼자 영화 보면서 스스로 푸는 아이다. 사람은 다 자기가 살기 위해 자기 방식대로 세상을 살아가니깐 말이다.

이제는 혼자 노는 것이 아니라 사람들과 함께 놀고 싶다. 세상에는 나 외의 모든 사람과의 관계로 이루어져 있다. 그 인간관계에서 우리는 성장도 하고 발전도 하고 함께 나아가기도 한다. 나도 내 표현을 할 수 있고 내가 나를 사랑하는 아이이다. 내가 바로 서지 않으니 사람들이 더 그렇게 생각하는 것이다. 사람은 모두가 자기 욕심으로 이루어져 있기 때문에 모두가 자기의 욕심으로 사람들을 대한다. 그것에 이용당하는 사람의 입장에서는 너는 착하니깐 그렇게 당해도 된다고 해버리면 모두가 그렇게 생각을 하게 되는 것이다. 그래서 내가 바로 서야 되는 이유다. 내가 내 스스로에게 자신이 없는데 누가 나를 먼저 알아주겠는가! 나는 장점이 아주 많고 내가 가진 것이 넘치고 잘난 척해도 되는 아이인데도 정작 제일 중요한 내가 그것을 받아들이지 않고 있으니 그게 힘들 뿐이다.

반평생 잘살아왔다. 그동안 살아왔던 나는 내 안의 나에게만 집중을 했다. 에너지가 안으로 내 안에서 머물게 했다. 아무도 내가 표현하지 않으면 내가 힘든 것을 모른다. 그래서 이제는 당당히 외치고 싶다. 나는 잘하는 것도 많고 나를 뽐내고 싶다고 이제 그렇게 살고 싶다고 한다. 내가 하는 모든 것이 완벽하지 않더라도 '으이구 그것밖에 못해?'라는 비난을 하더라도 나는 이제 그 어떤 비난이나 비판을 견딜 수 있을 만큼 크게 자랐다고 말하고 싶다. 내 안의 힘을 길러야 하는 이유이고 이제는 나를 세상에 나를 더 많이 표현하고 싶다.

그 용기와 힘을 기르자. 나를 알리자. 못난 나도 잘난 나도 다 나이다. 그 모습을 누가 좋아해주지 않아도 나고 좋아해주어도 나다. 내가 흔들리지 않고 성장해야 하는 이유이다. 나답게 세상에 외친다. 너 잘났으니깐 이제 너 마음대로 말하고 살아 라고 그럴 자격이 충분히 있다고 말이다.

06

착하고 성실한 것은 정답이 아니다

어릴 때부터 착하다는 말을 듣고 자라왔다. 왜 착하다는 것은 누군가에게 맞추어서 말을 잘 듣는다는 것이다. 나는 그렇다. 엄마 말을 잘 듣는 착한 딸이었다. 착하다는 말속에는 너의 주장을 참고 순응한다는 것이 내포되어 있는 것이다. 엄마의 사랑이 그리운 딸은 엄마 말을 잘 들어야만 했다. 그래야 엄마가 나를 사랑해주니까 말이다. 그렇게 성장해온 아이는 이제 그 착함이 힘들다고 한다. 나를 더 사랑하는 방법을 몰라 남들이 만들어놓은 환경에서 따라가기만을 한다는 것이 내 삶이 아니라고 한다. 삶이 무모하다고 한다. 이제는 더 이상 누구의 말을 잘 듣는 그런 착한아이가 되지 않기로 했다. 인생 2막 중년을 바라보는 나이에도 이렇게 삶을 살아내기가 힘든데 이제 그 힘든 것이 오로지 내가 끌어당긴 게 아닌지 생각을 해본다.

20대 때 롯데마트 고객센터 관리자로 근무하면서 서울본사에서 각 지점의 고객관리 서비스 만족도 평가를 한다. 서로 각 지점의 조장들이 고객처럼 조사자가 되어 그 지점을 평가하는 것이다. 나는 연고지가 부산이라 롯데마트 화명점에서 근무할 때이다. 그러나 누군가가 가야된다면 말 잘 듣고 뒤탈 없는 만만한 나를 목포로 보낸 것이다. 전라도 목포는 부산에서 4시간 이상을 가야 한다. 부산에서 가까운 지점도 많으나 제일 멀리 있는 지점으로 보냈다. 왜냐면 아무도 가기 싫으니까 제일 말 잘 듣고 만만한 나를 보낸 것이다. 나는 야간 근무를 마치고 밤기차를 타고 새벽에 목포에 도착해서 시장조사를 했다. 사회에서는 누구나 하기 싫은 일, 만만한 일을 잘 해낼 수 있는 사람을 원한다. 군소리 하거나 뭐라 안 좋은 소리를 하는 사람을 싫어 한다는 것이다. 그냥 회사 안에서는 하라는 대로 하는 사람이 제일 편하다. 또 그게 사회생활을 오래 견딘 이유이기도 하다.

지금은 콜센터 상담사 일을 올해로 10년 동안 하고 있다. 많은 사람들과 종일 대화를 한다. 그리고 회사 내부에서도 그 조직에 맞는 각 담당

분야가 있다. 영업하는 부서, 고객을 케어 하는 부서, 고객의 민원을 상담하는 부서 고객의 눈높이에 맞게 업무가 세분화 되어 있다. 그 어떠한 회사조직도 기업의 성과를 목표로 한다. 우리네 일반 회사원들은 회사에서 필요한 조직에 각각 배치되어 회사에서 시키는 대로만 일을 하면 된다. 내가 원하는 부서에서 성과를 낼 수도 있고 잘할 수 있는 곳에서 내 역량을 펼칠 수 있다. 그러나 회사는 그 조직 안에서 필요한 성과만 낼 수 있으면 그만이다. 내가 주장하는 것을 요구할 수는 있으나 여러 다수의 결정에 따라 오로지 움직이는 곳이 회사이니까 회사는 봉급 받는 우리 일반인들은 내가 필요에 의해서 일을 해주고 돈을 받아 가면 그만인 것이다. 회사는 그런 곳이다.

첫아이가 19개월 되던 해 아이도 어느 정도 크고 내가 할 수 있는 일을 찾다 보니 광복점 롯데백화점 캐셔 사원을 뽑는다고 신문에서 봤다. 나는 벡스코에서 개최하는 취업박람회를 바로 찾아가서 면접을 보고 합격을 해서 바로 백화점교육을 받았다. 원래 마트나 백화점은 오픈 전 다른 지점에서 실습위주로 교육을 받는다. 그리고 몸에 익숙해지면 실전에서도 거뜬히 해낼 수 있다. 내가 젊은 시절 여사님들을 데리고 이 점포 저 점포 다니며 실습시키고 각 점포에서 내가 실전에서 배운 노하우들을 교육했던 일이다. 근무를 하고 어느 정도 익숙할 때쯤 둘째가 생겼다. 나는 새롭게 시작하는 일을 계속해서 하고 싶었다. 그래서 배가 불러 올 때까지 숨기고 일했다. 왜냐하면 백화점 계약직은 정규직이 아니라서 서비스업에서 임신한 여성을 굳이 일할 직원들도 많은데 쓸 이유가 없다. 나는 그래서 어느 정도 배가 불러오는 7개월쯤 그만두게 되었다. 그때도 우리 집 장전동에서 남포동까지 아침부터 저녁까지 일을 했다. 일은 내 생계였다.

이제 내가 사회에서 했던 일을 고려해볼 때 신체의 나이에 한계가 있음을 느낄 나이이다. 매일 일만 붙들고 살아온 지나온 나날, 내가 내 안에서 답을 내린다. 네가 계속해서 하는 일이 네가 좋아해서 하는 일이냐고, 네가 죽을 때까지 원하는지도 않는 일만 하고 살거냐고, 그렇게 20대부터 40대 중반까지 살아오면서 네가 일을 그렇게까지 하면서 너는 왜 부자가 되지 않았냐고, 엄마 말 잘 듣고 남편만 잘 듣고 아이들의 요구사항을 다 들어주면서까지 진작 네가 원하는 일은 무엇을 했냐고 말이다.

성실하게 일만 했던 삶이었다. 매일 아침 직장을 출근하는 버스를 전전하고 지하철을 타고 일을 마치고 집으로 오는 것을 나는 20대 초반부터 지금까지 하고 있으니 말이다. 대부분의 사람들이 나처럼 이렇게 평범한 직장인으로 삶을 살아간다. 그러나 나는 내 인생 2막은 이렇게 살고 싶지 않아졌다는 것이다.

삶이 힘든 엄마의 그 모습은 자식에게 영향을 미친다. 왜 대부분 남편이 돈을 벌고 집에서 살림만 사는 우리네 일반인 여자들은 가정에서 아이만 잘 케어하면 되는 것이 대부분일 것이다. 그런 엄마였으면 엄마도 나에게 자기가 힘든 삶을 살아낸다고 화풀이와 짜증을 내지 않았을 것이고 조금 더 내가 필요한 요구를 잘 들어줄 것이었기에 말이다. 엄마가 오빠와 내 학비를 벌기 위해 대구 친척 여관 청소를 한 달하고 그 월급을 가지고 한 달 뒤에 집으로 오곤 했다. 구포역에서 내리셔야 되는데 피곤해서 자는 바람에 부산역까지 가곤했다. 엄마가 한 달 동안 일하고 바리바리 먹을 음식을 한가득 사가지고 올 때면 나는 엄마의 씨름을 또 들어줘야 되었다. 서울에서 근무하고 월급을 타고 서울 수표를 엄마에게 백만 원 인출해서 부산에 내려갈 때 준 적이 있다. 뭔가 모를 뿌듯함이라고 해야 할까 말이다. 엄마가 좋아하는 돈을 줄 수 있다는 기쁨이 있었던 것 같다. 아니면 혼자 서울 생활의 힘듦을 겪어보니 엄마가 겪어온 삶의 어려움을 조금은 보상해 드린 것 같아서 그런 것이기도 하다.

서울에서 혼자 자취하며 삶이 힘들었다. 엄마는 내가 통영으로 발령받았을 때나 서울로 내가 지원해서 갈 때도 한 번도 우리 집에 오지 않았다. 왜냐하면 바쁘셨기 때문에 엄마도 자기 사업한다고 바빴기 때문이다. 서울에서 힘든 날 휴일 날 모처럼 엄마가 계신 남창에 찾아갔었다. 엄마 혼자 가게를 하셨는데 그 어두운 컴컴한 밤 가게 한편에 있는 방에서 엄마랑 자면서 나는 나의 고생을 차마 말하지 못했다. 그 어두운 가게 방안이 나는 아주 무서웠다. 그러나 엄마는 이 무서운 밤들을 매일 겪고 있으니 말이다.

이런 엄마의 모습을 보면서 자란 나는 엄마의 말을 잘 듣는 착한 딸이 되었다. 왜냐하면 우리를 위해 희생하는 엄마에게 차마 뭐라 하지 못했다. 그래서 나는 엄마 말을 누구보다 잘 들어야만 했다. 그러나 한편으로는 나도 내 인생이 있는데 엄마의 힘듦을 내가 왜 다 끌어안고 살아야 되나 이런 생각도 해본다. 그런 힘든 환경에서도 어느 누구는 내 인생이 먼저여야 하고 가정을 뿌리치고 자기 인생 살기 위해 떠나가고 할 수도 있는데 난 그리 독한 딸이 되지 못했나 보다. 아님 내 행복보다 주변의 가족과 남을 위한 행복이 더 생각하는 나의 오지랖일 수도 있지만 말이다.

착하고 성실하게 20대부터 지금까지 내가 해온 일을 돌아보면 참 부지런히 빠릿빠릿하게 살아왔다. 누구는 잘난 부모덕에 이 겪어보지도 못할 환경을 나는 무수히 겪고 있고 전생의 나는 어떠한 사람이었기에 내 삶은 이리도 고달프냐라고 한숨 아닌 한숨을 쉬어본다.

대부분의 부자는 나처럼 직장생활만 꾸준히 해온 사람들이 아니다. 내가 책을 읽고 주변에서 부자가 된 대부분의 사람들은 파이프라인을 여러 개 확장하고 있다. 내가 내 몸을 쓰고 일하지 않아도 되는 그런 사업들을 하고 또 부동산이나 주식이나 사이버머니로 구체적으로 다른 사람들이 생각하지도 않는 창업을 만들고 가꿔간다는 것이다. 부자 아빠 가난한 아빠를 로버트 기요사끼의 책에서 나오는 현금흐름 사분면에서 나는 제일 위쪽 봉급생활자인 것이다. 사분면 제일 오른쪽 아래의 투자자가 진정한 부자의 길로 가는 것이다. 세상에 돈버는 방법이 널렸다고 한다. 그러나 나처럼 사회에서 어느 조직에 소속되어 안정적인 일만 해온 사람들은 이 길이 부자로 가는 길이 아니고 대부분은 직장생활을 유지하면서 다른 부수입을 만들고 그게 더 확대되고 커지면 전업으로 나서는 것이다.

힘든 엄마의 삶에 착한 딸은 말도 잘 듣고 말썽도 안 피우고 학교생활을 잘해왔고 나쁘지 않고 착하고 성실하고 회사 가서 돈도 벌고 그 돈 벌어서 혼자 시집도 갔다. 누구의 도움도 없었고 오로지 내 힘으로 벌어서 지금까지 착실하게 사회에서 무려 9가지 일을 하면서 내 인생 묵묵히 앞만 보며 살아왔다. 그러나 내 인생 중반, 이 삶이 나에게 이건 정답이 아니라고 한다. 모든 현재의 결과는 너의 선택으로 만들어진 삶의 결과이다. 내가 끌어당긴 현재의 모든 결과가 나의 삶이다. 잘못 살았다는 것은 아니다. 이제는 앞으로는 이렇게 살고 싶지 않다고 하는 것이다. 내가 살아온 착하고 바른 인생은 사회에서 누군가에게 이용만 당하는 노리개일 수도 있고 내가 내 것을 못 챙겨 그것을 이용하는 이에게는 최고의 수단이 된다는 것이다. 이젠 그렇게 바른길이 아닌 모험이 필요한 나만의 길을 찾으라고 한다. 그렇게 성실히 착하게 아침저녁 생계의 일이 아닌 다른 곳에 답이 있을 거라고 하면서 말이다.

07

내 인생의 변화가 필요한 순간

지독한 가난으로 늘 아끼는 것에 맞추며 살았다. 나를 꾸미기를 좋아하고 가꾸는 것을 좋아하는 게 여자아이들의 특성이다. 그러나 나는 일과 생계를 위해 살다 보니 나에게 예쁜 것을 선물해주지 못했다. 그게 사치로 여겨졌다. 남들 다 가는 미용실도 나는 지금까지 제대로 간 것은 열 손가락 안에 든다. 어릴 때부터 엄마가 집에서 머리를 해주었다.

엄마는 하나라도 돈이 들어가는 것을 아껴야 하니 어릴 적 미용실 하는 친구에게 미용 기술을 배워 손수 우리 삼형제의 머리를 해주셨다. 나는 40대까지도 엄마가 늘 머리를 집에서 해주어서 늘 똑같은 파마에 머리 스타일을 유지했다. 최근에 나를 찾기 시작하면서 염색도 하고 나를 위해 비싼 옷도 샀던 게 나에게 처음 변화를 준 것이다. 내가 좋아하는 옷의 스타일도 대부분 커리어우먼의 복장이 끌리고 공주풍의 칠렐레팔렐레 이런 하늘하늘한 것은 나에게 어울리지 않는다고 생각을 했었다. 나도 그런 옷들과 액세서리로 나를 꾸밀 수 있는 여자인데도 말이다.

내가 나를 사랑하지 않으니 나에게 예쁜 옷을, 예쁜 신발을 주지 못했다. 그렇게 살아온 날들이 이제 점점 힘들다고 하면서 나를 찾고 싶어졌다. 늘 싼 거, 옷 파는 본 매장의 옷보다 행사하는 상품만 더 끌리고, 1+1 하는 것, 저렴한 것, 절약하는 것에만 맞춰 살다보니 매번 옷 하나를 사도 좋은 브랜드 하나를 제대로 사는 게 아니라 저렴하고 실속 있는 상품 옷도 대부분 활동하는 캐주얼 복을 구입했다. 그래서 치마를 입은 횟수가 열 손가락 안에 든다.

일을 마치고 서면 지하상가를 가면서 나에게 묻는다. 나도 저기에 예쁘게 걸린 옷들 중에 내가 당당히 나를 드러낼 옷도 입을 수 있는데, 나도 남들처럼 손톱 손질도 받고 피부 관리도 받고 아름다운 여자로 살 수 있는데 나는 왜 그렇게 인생을 살고 있지 않니? 엄마라서 여자를 포기한 건지 서비스업만 사회생활에서 오랫동안 하다 보니 남에게만 맞춰진 너의 인생이 불쌍하다고 한다.

나도 백화점가서 예쁜 옷을 당당히 사고 예쁜 신발도 사고 싶고 나에게 돈을 쓰고 싶었다.

그리고 무엇보다 내가 좋아서 하는 나만의 일을 하면서 남은 인생을 살고 싶어졌다. 나이가 들수록 주변에 몇몇 걸쳐 아는 사람들이 어디가 아프다고 하고 병에 걸렸다고 하고 그리고 밤에 자다가 젊은 가장이 갑자기 죽었다고 한다. 이것은 회사 지인의 이야기다. 그리고 최근에 나에게 어릴 때부터 엄마의 자리를 항상 대신해주었던 외숙모가 갑자기 뇌졸중으로 쓰러지고 불과 며칠 만에 싸늘한 시신으로 내 눈앞에서 죽음을 당하는 것을 보고 사람의 인생은 유한하다는 것을 깨달았다. 이미 사람이 죽을 수 있다는 것은 5년 전 새아버지의 갑작스런 죽음으로 이미 겪었고, 어릴 적 동생의 죽음도 다 옆에서 지켜보면서 삶의 희소성에 대해서는 이미 알고 있었다. 당장 오늘이 나에게 주어진 최선의 삶이라는 것이라는 것이다.

그동안 무수한 생계의 일만 해왔었다. 사회에서는 직장인의 삶만 살았다. 어딘가에 소속되어서 내가 그 소속의 한 구성원으로만 살았다. 대부분의 사람들이 그렇게 살아간다. 우리나라의 일반적인 교육방식이 그렇게 충실히 학교 잘 다니고 제대로 교육받고 좋은 전문직 대기업 안정적인 삶 안에서 생활하라고 한다. 그렇게 만족하며 사는 것도 괜찮다. 그러나 사람은 신체의 한계, 나이의 한계가 온다는 것이다. 정해져 있는 틀 안에서는 딱 그 틀 안에서만 내 수준이 정해져 있는 것이고 그 틀을 깨고 더 큰 나를 만나기 시작하면 이제부터는 성장가도를 달리는 것이다.

뭐든지 처음에는 어렵다. 새로운 것을 시작한다는 것은 모험이다. 나는 내 안의 무수한 나와 이야기를 한다. 내 안의 힘을 길러야 내가 할 수 있는 확신이 서야 뭐든 실행을 할 수 있기 때문이다. 지금까지 살아온 내 반평생의 인생을 돌아봤을 때 후회하는 삶은 없다. 매번 나는 현재에 최선을 다해 살아왔으므로 다만 나는 현재를 살면서 늘 미래를 준비하는 삶을 살아왔기에 지금도 새벽에 더 자고 싶은 잠을 참고 이렇게 내가 좋아하는 글을 적고 있는 것이다.

책은 언제나 내 친구였다. 사람과 사람이 직접 만나 내 하소연을 들어줄 마땅한 사람을 찾는 게 어디 쉬운가! 그러나 책은 내가 그때 그 감정을 어루만져줄 다양한 책들이 내 감성으로 다가가 대화를 할 수 있고 힘든 오늘의 나에게 그 누구도 위로하지 못하는 말들을 건넨다. 무수히 많은 일들을 하면서 책으로 위로 받고 책으로 성장하며 살아왔다. 그래서 지금은 그 책을 읽고 느낀 내 삶을 글로써 적는 작가의 삶이 참 고맙다.

지금 현재의 삶이 만족스러운 사람이 몇이나 될까? 돈이 많고 없고를 떠나 지금 가장 행복하다고 느끼고 사는 사람이 몇이나 될까? 대부분의 사람들은 그냥 주어진 현실에 안주하고 하루 즐겁고 보내고 만다. 그러나 나같이 미래를 위해 나를 끊임없이 자기계발하며 나아가고자 하는 사람은 현재에서 그 꿈을 위해 뭐든 계속해서 준비를 하게 된다. 그게 책으로 통한 배움이듯 좋은 강연을 들으러 가든 자기의 실력을 쌓기 위해 직접 배우든 혼자 계속해서 공부를 한다는 것이다.

현재 다니는 직장도 올해 10년 차이다. 시간이 좋아서 시작했던 이 직업이 이제 나에게 계속해서 질문을 던진다. 자기의 필요에 의해서 무수히 쏟아내는 그 말들을 이제 듣기가 싫다고 한다. 내게 좋은 말만 듣고 살기에도 인생은 한 치 앞도 못 보는 우리네 인생인데 네가 그렇게 사회생활을 힘들게 하면서 나이 40대 중반을 바라보면서 계속해서 싫은 일을 위해 하루 종일 컴퓨터 앞에 앉아서 앵무새처럼 의미도 없는 일상적인 공감을 하고 있다. 네 고객님 그러셨어요. 많이 불편하셨지요? 너무 죄송합니다. 매일 고객이 하는 말이 있다. 죄송할 짓을 왜 계속 하냐고 그냥 하는 말이지만 우리는 알게 모르게 죄송함을 달고 산다. 뭐가 죄송한지도 모른 채 회사 안에 소속된 직장인이라는 이유로 네가 그 총대를 메게 되는 것이다. 책임감이 달리 책임감이겠는가? 네가 그 일에 대한 책임을 져야지. 누군가는 그 책임을 져야 되지 않겠는가.

나 혼자라면 얼마나 좋겠는가! 하고 싶은 거 하고 싫으면 하지 않아도 되고 그러나 우리는 한 가정의 엄마이고 아빠이기에 이러한 무수한 사회의 생계의 일을 겪고 살아내고 있는 것이다. 하고 싶은 대로 살면 되지 하지만 현실은 그것을 대변해주지 않는다. 당장에 먹고 살 길이 빠듯한데 누가 허황된 꿈만을 좇으라고 할 것인가? 다만 이러한 현실을 벗어나기 위해 현재에서 할 수 있는 최선의 노력을 해야 한다는 것이다. 시간은 지금도 흘러가고 있고 계속해서 내가 의식하든 의식하지 않던 흘러가고 있다. 나 혼자만의 생각은 마냥 20대 꿈 많은 소녀일 것 같은데 어느새 앞머리에서 새치가 희끗희끗 올라온다. 마냥 어린애일 것 같았던 나의 아이들이 한 해 한 해 다르게 성장하고 있다. 나이가 있는 어르신들이 들으면 인생 더 살아보라고 하겠지만 나같이 온실 안의 화초처럼 자라오지 않아서, 인생 그래도 좀 살아봐서, 내가 나를 더 알아달라고 하는 내면의 아이를 이제야 알아봐서 달라져야 된다고 그리고 좀 다르게 내 인생 살고 싶다고 한다. 시간의 한계를 느끼는 중년의 나이 그러면서 생각이 더 많아지고 한창 내 인생만 즐기던 20대 30대와는 이제는 조금 달라져야 되는 나이 40대이다. 잘 준비해서 잘살아 가고 싶은 나의 소중한 인생이기도 하다.

아침 새벽공기를 좋아한다. 늘 아침을 활기차게 준비하고 직장생활에 익숙한 나의 규칙적인 루틴이 만들어준 기쁨이기도 하다. 늘 남들보다 일찍 준비해서 업무 전 마음가짐을 달리하고 오늘 하루 목표만을 위해 살았다. 사실 일을 처음 시작할 때는 항상 최고의 노력으로 나는 일등이라는 결과를 냈다. 도전할 때는 그 성취를 달성하기 위해 목표만을 위해 달려가면 되니깐. 그러나 사람이라면 뭐든 익숙해지면 적응하게 되어 있고 그 익숙함에 길들여진다는 것이다. 사실 이 회사도 처음에 아이 둘 낳고 새롭게 시작할 때가 내 나이 34세였다. 그때도 처음은 너무나 설렜다. 새롭게 일을 한다는 설렘. 그래서 동기 중에 제일 열심히 해서 일등도 하고 상도 받고 그랬었다. 어느새 10년 차가 되고 보니 내가 또 다른 도전을 생각을 하고 있다는 것이지만 환경이 바뀌고 생각이 계속해서 바뀌는 이유이다. 회사는 계속 변화하고 거기에 따르는 우리도 계속 변화를 하고 있다는 것이다. 다만 나는 이제 어디에 소속된 변화에 내가 맞추기 싫어졌고 진정 나만의 일을 하고 싶어졌다는 것이다.

적지 않은 내 나이 40대 중반을 향해가고 있다. 신체의 나이가 더 이상 그렇게 하기 싫은 일, 생계의 일만 붙잡지 마라고 한다. 왜 소중한 너의 인생을 그렇게 흘려보내느냐라고 한다. 너를 알아달라고 하는 것은 네가 그동안 너 자신이 아닌 남을 위해서 살았던 너의 내면의 아이가 이제 정녕코 너를 봐주면서 그렇게 살라고 하는 것이다. 그래도 된다고 한다. 아이가 크고 나도 크고 내 미래가 크고 있다. 변화하기 딱 좋은 내 나이 인생. 그래도 좀 살아본 내 나이 내 인생, 이제 나만 보면서 살자. 그동안 내 과거로 잘살아왔다고 생각했지만 그래도 좀 더 잘살아내고픈 내 불쌍한 인생 제대로 보고 제대로 인생 한번 살아보자고 한다. 꼭 그렇게 변화가 필요한 순간이 지금 너에게 왔다고 소리친다. 너 이제 너만 보고 살라고.

2장

문득 책을 읽고 싶었다

아침 명상과 독서로
내 인생의 풍요가 찾아오기 시작했다

평소 책을 좋아해서 쉬는 날이나 간간이 읽었다면 40대 중반 삶의 변화가 필요하다고 생각한 순간, 변화가 필요하다고 생각한 순간에 내 안에서 스스로 내 몸을 일으키게 한 새벽 기상이다. 평소에도 조금 새벽형 인간이지만 더더욱 내가 하고자 할 때는 나는 항상 실행에 옮긴다. 뭔가 변화가 필요한 순간에 나는 행동을 옮긴다. 생각을 하면 바로 실행을 하는 사람이다. 뭔가 변화가 필요한 시기이다. 무엇을 해야 할지 고민만 하지 않는다. 뭔가를 해야 한다. 나는 어릴 적부터 항상 그랬다. 누구 하나 의지할 사람이 없었다. 변화가 필요한 순간에 나는 그렇게 삶에 치열하게 노력하며 살았다. 왜? 그래야만 내 생계가 유지되었기 때문이다. 자본주의 사회이다. 아이가 어리고 내 집 하나에 맞벌이 부부로 살 때는 그래도 나름 괜찮았다. 그러나 아이들이 성장하면서 아이들이 조금 더 좋은 환경에서 자랄 수 있는 더 큰 집을 원했다. 첫째 아들이 야구를 시작한다고 한다. 나는 아이의 꿈을 위해서 과연 엄마인 내가 해줄 수 있는 게 뭐가 있나 생각을 해보았다. 아이가 원해서 한다는데 안 돼 라고 말할 부모가 어디 있는가? 나도 어릴 적, 하고 싶은 미술과 체육을 할 때 엄마가 들어주었다. 그 힘든 환경에서도 엄마가 지원해줬다. 엄마는 아무래도 나를 통해서 대리만족을 한 것 같기도 하다. 자기가 어릴 적 힘든 모든 삶을 나를 통해 위로받기라도 하듯이. 그래서 나는 엄마에게 무엇을 하고 싶다고 했을 때 엄마는 다 들어주었다. 그러나 우리 집은 그리 넉넉하지 않았기에 나는 생계를 유지하면서 또 다른 나의 자기계발을 계속해서 유지한 이유이기도 하다.

그러면서 시작된 아침명상과 감사일기 새벽기상이다. 내가 평소 자주 공감하는 청울림 님과 김미경 님의 이야기를 새기며 나는 내 안의 힘을 키워갔다. 평소에도 좋아하는 강의나 책은 다 챙겨서 들으러가고 한번 배운 공부는 직접 성취하고 달성해야 하는 성격이라서 뭐든 결론을 내야 한다. 내가 하는 일이 콜센터 상담사 일이다. 그리고 지금까지 해왔던 모든 일이 서비스업. 사람 상대만 20년 이상이다. 사람을 보고 사람의 말을 들고 무수히 해왔던 일들을 하면서 나는 내 안의 자존심을 버리고 생활해온 나의 20년의 사회생활이다. 이제 삶을 어느 정도 살아보니 내 몸으로 할 수 있는 일은 한계가 있었다. 매일 매일 고객들의 하소연을 들어준다. 감정의 노동자의 삶이 힘들다. 일을 마치고 집에 오면 또다시 시작된 육아와의 전쟁. 너무 힘들고 삶의 재미도 없고 아이들에게 내가 회사에서 받은 안 좋은 감정들을 토해낸 것 같다. 지금은 반성해본다.

내가 어릴 적 엄마의 부재로 엄마가 내게 했던 행동들을 나도 똑같이 아이들에게 하고 있다. 그때 내가 엄마에게 받은 상처가 생각난다. 왜 우리 엄마는 조금 더 따뜻하게 나를 사랑하는 말들로 나를 대해주지 않았는지, 힘든 삶이 똑같이 반복되고 있다. 그 연결 고리를 끊어야 한다. 뭐가 문제일까? 이 반복의 흐름을 끊어야 한다. 내가 변해야 한다. 내가 조금 더 아이들에게 표현을 하자. 엄마가 못했던 표현을 내가 해야 한다. 아이들아 많이 사랑한다. 엄마가 더 많이 사랑해줄게. 엄마는 너희들을 더 많이 사랑하는데 그 표현 방법을 잘 몰랐던 것뿐이다. 우리 엄마가 속은 깊으나 우리에게 표현하지 못했던 그 사랑을 나는 아이들에게 이제 표현해주어야 한다. 모든 게 내가 변해야 한다.

나는 그 사랑한다는 엄마의 표현을 듣지를 못하니 내가 사랑받을 존재라는 것을 못 느꼈다. 내가 정말 잘나고 정말 뭐든지 잘하는 사람임에도 불구하고 나는 스스로의 감옥에 갇혀 나를 스스로 괴롭히고 있었던 것이다. 내가 세상에서 가장 행복한 존재라는 것을 이제야 깨닫는다. 누구도 나를 대신할 수 없으며 누구도 나를 괴롭힐 수 없는데도 말이다.

지금의 나의 생활은 평일과 휴일의 개념이 없다. 그냥 오늘 하루이다. '나에게 주어진 오늘 하루 즐겁게 최선을 다하자'이다. 매일매일이 반복되는 일상이지만 오늘은 나에게 주어진 최고의 선물이다. 내가 이렇게 생각하게 된 것은 시간의 유한성 때문이다. 사람의 생각을 변화를 주는 것은 그 사람이 어떠한 환경을 겪었느냐의 차이일 것이고 그리고 통찰력이 커져간다.

지금으로부터 5년 전, 3월 새 학기로 봄 분위가 한창 뜨거워질 때쯤 새 아버지가 패혈증으로 딱 일주일 만에 돌아가셨다. 나는 사람이 죽을 수 있다는 것은 이미 동생의 죽음으로 겪었고 갑자기 심장마비가 온 둘째 이모부의 급작스러운 죽음, 그리고 최근에 외숙모의 죽음까지 다 급작스러운 죽음이었다. 내 주변 내 지인이 그렇게 갑자기 죽을 수 있다는 것은 사람의 목숨이 무한하지 않다는 것이다. 내가 사랑하고 방금까지 하하 호호 웃고 떠들고 맛있게 밥을 먹고 행복하게 지내던 사람이 갑자기 싸늘한 시신이 되어 내 옆에 없다. 남겨진 사람은 어떻게 해야 되는지 방법을 모른다. 그냥 시간이 지나가길 바라는 것뿐이다. 삶의 철학이 그때부터 나온다. 어떠한 고통도 시간이 지나가면 잊혀진다. 사람은 망각의 동물이니깐 아픔도 잊어야 되고 기쁨도 계속해서 즐거울 수만은 없는 것이다. 세월 앞에 장사 없다. 오늘하루를 열심히 살며 그리고 내가 행복한 일들을 하며 살자.

매일 반복되는 일. 상담 전 내 기분 좋음이 오늘 하루 기분을 작용한다. 기분이 좋게 시작한 날은 고객들에게 짜증나는 말들도 그러려니 한다. 내가 더 적극적으로 하루 목표 달성을 위해 더 적극적으로 다가간다. 하나라도 더 안내하려고 한다. 그게 목표가 있는 삶과 없는 삶의 차이이다. 사실 나도 이제 10년 차 접어들면서 첫 입사 때의 그 열정은 다 잃었다. 매일 매일 그냥 주어진 목표에 적응하며 살자는 직장인들이 더 많을 것이다. 누구나 처음은 열심히 하지만 그 열정을 끝까지 유지하기가 힘들기 때문이다. 그게 절실한 사람은 그것을 붙잡고 나아가겠지만 말이다. 아이들이 성장하고 집을 더 늘리면서 경제력을 더 늘려야 했다. 모든 게 그렇다. 변화가 없이 살면 딱 그 수준에 만족하며 산다. 사람은 억지로 하라고 해서 하는 동물이지 스스로 하지는 않기 때문이다.

스스로 할 수 있는 사람은 몇 안 된다. 내면에서 변하고자하는 욕구가 절실한 사람이 아닌 이상은 말이다. 만약 내가 아이들에게 현재 주어진 집에 그리고 현재 주어진 경제 요건에 맞추어서 살자고 했다면 더 성장하기 위해 노력을 하지 않을 것이다. 그게 변화를 위해 노력하려는 사람과의 차이이다. 내가 가지고자 욕망하는 사람은 그것을 더 벌기 위해 어떻게든 노력할 것이고 별 볼 일 없는 사람은 그냥 이래 저래 살 것이기 때문이다. 그래서 우리는 잘나가는 사람, 나보다 뭐든 잘하는 사람을 부러워하는 것이다. 내가 지금 누리는 것을 대리로 해줄 수 있기 때문이다. 물질적인 풍요도 무엇보다 중요하며 또한 내 마음의 평온과 행복도 중요하다. 내가 많지 않은 인생 살아보니 모든 게 내 마음에서 비롯된 것이 많았다. 다른 누군가 비교를 하면 그때부터 내 삶이 초라해져 보이고 뭔가 작아 보이고 그렇게 된다. 내가 그렇게 생각을 할 필요가 없는데도 말이다. 사람의 욕심과 마음이 그렇게 된다는 것이다. 마음을 비우고 나를 보자. 나를 바라보자. 그러면서 시작된 감사 일기이다.

아이가 셋이고 워킹맘이다. 모든 게 시간과의 싸움이다. 아이가 깨기 전이나 아이가 잠든 후 엄마는 여자로 돌아가는 시간이다. 이제 나만의 시간이다. 알람 시간을 항상 4시 30분에 맞춰놓는다. 그러나 익숙하면 저절로 일어나진다. 나는 나와의 싸움에서 이기는 사람이다. 그게 제일 중요하다. 자기와의 신뢰가 튼튼한 사람은 자기와의 싸움을 중요시 여긴다. 아침을 이기며 시작하는 나는 이미 성공자의 준비된 길로 가고 있는 것이다. 매일아침 새벽기상을 3년 차로 하고 있다. 누가 시켜서 한 것이 아니다. 내가 변화하고자 생각이 들었을 때 시작된 나와의 약속이다. 내 미래의 변화를 위해서 준비해야 하는 시간이다. 뭐든 변화해야 한다. 명상을 하고 필사를 하고 내 안의 나를 만나자. 그리고 다시 한 번 나를 다잡자. 그러면서 성공자의 책들을 읽거나 그날그날 읽을 책을 선택한다. 독서를 하면서 명상을 하면서 비움을 다시 새로운 독서로 하면서 다시 채운다. 그러면서 나는 점점 풍요로움과 긍정으로 오늘 하루를 매일 매일 이기고 시작하고 있다. 나의 더 큰 멋진 미래를 위해서 말이다.

02

만나고 싶은 멘토는 언제나 책 속에 있었다

혼자서 살아가기 쉽지 않은 날 앞선 성공자나 이전 우리 조상들의 현인들이 어떻게 지혜롭게 살아왔는지 알기에는 책만 한 것이 없다. 적어도 나에겐 그랬다. 사회생활을 하면서 존경하거나 내게 따끔한 충고를 하는 사람은 직장 상사가 그것을 대신 채워주지 못하고 학교에서 배울 때는 교수님들이 있어 질문도 하고 나에게 앞선자라고 지도를 해주지만 뭔가 아쉬움이 남는다. 책은 가까운 도서관 책방만 가도 한사람의 인생을 모두 풀어놓았기에 내가 필요한 시기적절한 시기에 그 책의 저자를 만나고 내가 필요한 문제를 어떻게 해치고 나왔는지 보면 되는 것이다.

나는 아빠 없이 사회생활을 오래 하다 보니 주로 여성들이 성공한 책을 주로 봤던 것 같다. 왜냐하면 저분들도 힘들고 어려운 시절을 버텨냈으니 버티어준 뭔가를 책 한 권에 다 풀어놓았기 때문이다.

20대 꿈 많던 시절 나는 생계를 위해 뭐든 돈을 벌어야 했다. 회사 다니면서도 내가 기억이 나는 나의 모습은 쉬는 시간에도 책을 놓지 않았었고 지방파견 전 임시 발령받은 부산점이 아직 없어 울산 롯데마트 실습마치고 주변 책방을 찾아서 책을 보고 책을 썼던 것 같다. 책을 선택할 때는 그때그때의 내가 내용을 답 해주는 책이면 나는 구매를 한다. 내가 40대 중반을 살아오면서 나에게 위로를 줬던 책 중에 서진규 님의 『나는 희망의 증거가 되고 싶다』라는 책이 나에게 생생하게 다가온다. 가발공장에서 군인으로의 도전, 하버드까지 도전하시고 성공하셨다. 대부분 성공자의 마인드를 보면 조금 남과 다른 사고를 한다. 책 속에서 구절이 나에게 공감을 준다.

"나는 청개구리였다. 제천에서 상경할 때도 그렇지 않았던가. 주위에서 안 된다고 하면 할수록 나는 '기필코 하고야 말리라'는 각오를 다졌다."

이 땅에서 한 번 태어나 살다가 죽으나, 도전이라도 한 번 해보고 죽으나 매일반이라는 생각이었다고 한다. 하늘은 스스로 돕는 자를 돕는다고 했던가. '사람도 스스로 돕는 자를 돕는다.' 꿈이 있고 변화된 삶을 꿈꾸고자 하는 길에는 항상 뭔가 다른 자기만의 노력이 있다. 그녀에게 시련이 혹독한 변화를 갈망했으리라. 꿈같은 사랑은 한순간이나 그 찰나에는 행복인 것처럼 사람의 인생은 모든 순간순간에 최선을 다하면 되는 것이다. 처음 사랑은 마냥 행복할 것 같지만 결혼은 현실이다. 아이에 대한 엄마의 사랑과 인내와 노력으로 그녀를 머나먼 외국에서 버티게 해준 나날들이 많았을 것이다.

그리고 내가 지금까지도 존경하고 책을 다 보고 있는 김미경 강사님이시다. 이분은 삶을 살아내신 그동안의 내공도 대단하며 무엇보다 내가 좋아하는 점은 계속해서 자기계발을 하고 있다는 것이다. 20대에 못다 이룬 유학의 꿈을 위해 자기사업과 자녀들에게 필요한 돈을 미리 마련해놓고 떠날 수 있는 그 책임감과 베짱이 부러웠다. 『언니의 독설』, 『꿈이 있는 아내는 늙지 않는다』 등의 인생을 담은 책은 거의 다 읽었고 요즘 유튜브나 북튜브를 통해서 오프라인에서 사람들과의 강연을 못하니 이제는 온라인으로 그 영역을 확장하고 있다. 이분의 강의나 책을 듣다 보면 엄마 이야기가 많이 나온다. 그것은 어머니의 다른 특별한 가르침이 있었으리라 생각한다. 무능력한 남편으로 엄마가 양장점을 계속하셨다고 한다. 힘이 들고, 힘에 부쳐도 계속해서 일을 하고 그 모습을 또한 딸들이 본받는다. 나도 엄마가 일만 하는 모습을 보며 자랐고 지금도 그런 엄마를 보면서 커가고 있다. 남들과 다른 성장배경에는 그 많은 나의 역할이 있으리라 생각이 든다. 엄마의 든든한 딸이 되어 이제는 그 정신으로 사회에서 여성들이 삶을 이끌고 있으니 말이다. 성공한 부자는 진정 나눌 줄 아는 부자이다. 모든 성공은 혼자만 이끄는 것이 아니다. 사람과 사람들의 도움으로 성장하고 발전한다. 누구나 사람은 남 잘되는 것을 시기질투하며 앞으로 나아가기 위해서는 혼자 독불장군처럼 나아가는 것이 아닌 함께 성장하는 것이다. 20대 유학을 못간 꿈을 위해 영어를 공부하고 그 영어로 강의를 하겠다는 꿈을 품고, 또한 그 꿈을 위해 실행을 하고 여러 여성들의 꿈의 멘토가 되어 앞서서 나가고 있는 것이다. 우리는 그렇지 않은가? 내 주변에서 누군가가 열심히 하고 있으면 덩달아 따라 가고 같이 해야 더 잘되고 신이 나서 같이 하게 되는 것이다. 사람의 에너지가 성장을 이끄는 이유이다.

『파리에서 도시락을 파는 여자』의 저자인 켈리 최 회장의 스토리는 또 다른 도전과 사업 마인드를 불러일으킨다. 첫 사업의 실패로 10억의 빚더미에서 절망하던 순간 엄마를 떠올렸다고 한다. 엄마가 일 다녀와서 가져오신 단팥빵을 엄마도 먹고 싶지 않았을까? 삶을 놓아버리고 싶은 순간 그 힘으로 다시 일어섰다. 누구보다 열심히 살고자 했을 것이다. 사람이 죽을 만큼 힘들면 죽는 것이 제일 힘든 것을 안다. 딱 죽고 싶다. 그러면서 그 죽을힘을 다해 삶을 다시 한 번 되짚는다. 내가 즐겨 보는 유튜브 단희TV도 절망의 순간 죽음을 겪고 일어나 다시 한 번 새 삶을 얻었고, 3년 만에 60채를 낙찰 받아 20만 원에서 36억 자산을 만든 이선미 부동산 경매 여왕도 불치의 암을 겪으며 죽음과의 사투로 대부분의 그 절망을 일구어냈다. 나 또한 아이 셋과 맞벌이 부부의 월급의 한계, 들어가는 돈의 한계에서 더 새로운 수입처를 찾기 위해 내가 계속해서 경매도 하고 책을 쓰고, 작가로, 강연가로 영향력을 펼치는 것은 다 내 주변의 환경과 모든 책 속의 저자들이 그러한 시련이 왔을 때는 사람들은 변화를 한다고 했기 때문이다.

유명하신 저자 외에도 그 옛날 현인들의 삶을 보자. 내가 아이 셋을 기르며 자녀들에게 필요한 교훈으로 일깨워주었던 『유배지에서 보낸 편지』, 다산 정약용 선생님의 자식에 대한 사랑을 편지로 보냄으로써 학자로서 갖춰야 하는 자세, 마음가짐 그리고 옷차림이나 살림살이에 대한 세세한 충고가 가득 들어 있다. 다산의 자식교육법과 독서법을 같이 볼 수 있으니 더할 나위 없이 좋은 책이다.

내가 사회생활을 20년 이상 하며 직장인이 부자가 될 수 없다는 한계에 계속 생각을 할 때 다가왔던 책은 구본형 님의 『익숙한 것과의 결별』이었다. 직장 안에서는 내가 속한 한 개인이 회사 내에서 부속품처럼 일만 하는 되는 것이며, 이제 내가 1인 기업가가 되어 직접 사장 마인드로 운영을 하게 되는 1인 기업은 모든 게 내가 회사의 주인이 되어 관리를 하는 것이다. 책에서는 스스로가 무엇을 더 배워야 하며 어떠한 시스템을 끌어내야 하는지를 세세하고 꼼꼼하게 친절하게 설명하고 있다. 평생직장의 개념을 벗어나야 하며 이제는 스스로 준비된 자를 꿈꾸기 위해 노력해야 하는 이유이다.

내가 40대 중반에 들어서면서 계속해서 내 안의 나를 찾으며 공부를 계속하다 보니 내가 글을 쓰는 작가의 삶이 이제 책을 읽는 독자의 삶이 아닌 내가 콘텐츠를 생산하고 만들어내고 이끌어내고 있는 것이다.

나랑 비슷한 일반인 아들 셋 맘으로 절실히 아끼며 돈 되는 독서와 부동산으로 공부를 놓지 않고 지금도 열심히 달려가고 있는 김유라 작가님도 언제나 최선의 결과를 위해 공부를 하고 계속해서 돈이 되는 공부를 계속 하고 있다. 모든 삶에서 결과를 내는 사람은 언제나 성장을 위해 멈추지 않는 사람이며 그 삶에서 최선의 결과를 냈다.

책은 언제나 성장을 위해서 그 사람의 인생을 집대성한 경험을 바탕으로 쓰였으며 언제나 삶에 그렇게 매번 노력하는 사람만이 최선의 결과를 내고 있다. 일찍 일어나는 새가 모이를 더 먹든 늦게 자는 생활방식의 루틴이 자기 라이프 스타일이든 모든 삶은 자기만의 색깔로 살아내면 되는 것이다. 내가 삶을 향해 현재를 열심히 달려갈 때 인생에 따끔한 충고나 방향성을 제시해주는 사람은 언제나 책 속의 저자나 아니면 주변에 나의 성공자의 길로 이끌어주는 멘토나 스승 또한 함께 가는 꿈맥들이 있었다. 혼자 가는 길은 외로워도 함께 성장하는 길은 언제나 행복한 길이니깐 말이다.

세상이 달리 보였던 적이 있었다. 5년 전 새아버지의 갑작스런 죽음이 나에게 그렇게 삶을 바라보게 했다. 세상에 태어나 한 번뿐인 우리네 삶을 살아가면서 죽음보다 더 무서운 게 있을까. 오늘 아등바등 살아가는 것이 다 살기 위해 노력하는 것인데, 딱 꼴까닥 저세상으로 건너는 문을 넘어가면 다 끝나는 것인데 말이다. 인생 살아가다 보니 뜻하지 않게 힘든 역경을 만날 수 있으며 언제나 좋고 행복한 일들만 일어나지도 않는다. 다만 삶을 살아내다 힘에 부치면 언제나 나에게 힘을 내라고 응원해주는 멘토가 있었다. 책은 그렇게 나의 나태해진 마음을 부여잡게 해주었고 나를 단단히 성장시켜주었으며 내안의 열정을 불살라 주었다. 내가 필요할 때 꼭 필요한 사람을 다 못 만나는 것처럼 책속의 멘트들은 언제나 내가 필요하거나 궁금한 질문에 대한 답을 내려주고 있었다.

03

우리 집 거실에 TV가 없는 이유

책을 좋아하면서 나만의 공간 서재가 있었으면 좋겠다고 막연하게 생각 했던 적이 있었다. 책을 좋아한 지는 20대 부터이지만 마땅히 내 서재를 꾸밀 만한 공간은 없었다. 다만 책장 한 칸은 늘 갖고 있었다. 중학교 진학문제로 엄마에게 상의를 드렸을 때 나는 엄마가 가난하고 없는 살림에 여상을 가라고 할 줄 알았으나 중학교 때 상위권이었고 공부하는 것을 좋아했던 나는 엄마가 여고를 가라고 해서 그렇게 했다. 엄마는 어릴 적 중학교밖에 나오지 않은 자기의 꿈을 나한테 대신 찾으려는지 여고를 갈 때 좋아하셨고 고등학교 들어갔을 때 없는 살림에 침대와 예쁜 책장을 준비해주셨다. 푸른 에메랄드빛의 책상과 예쁜 공주풍의 침대가 생각이 난다. 아버지의 부재와 우리 집이 파산으로 넘어가면서 엄마는 무척 힘들었던 삶에서도 내게 인문계 3년 공부를 뒷바라지해주셨고 힘든 장사 일을 하면서도 새벽에 일어나 도시락 2개를 싸주셨다. 엄마는 방 한 칸 변변하지 않지만 그래도 나에게서 자기의 꿈을 대리 만족하시는 것 같았다. 그래서 나는 공부를 한다고 했지만 성적에 한계가 있어 4년제 대학에 진학을 못했다. 그것이 계기가 되어 나는 대학가서 더 공부를 했지만 말이다. 대학에서 전공을 살려 원하는 학과 자격증을 따고 서울에서 면접을 보고 대기업 회사도 들어가고 회사에서도 성과를 내곤 했다. 그러나 결혼한다고 했을 때는 그렇게 반대를 하셨다. 지금 생각해보니 자기의 꿈을 대리만족 시켜주는 딸을 통해 결혼으로 인한 굴레를 벗어나고자 했으나 그 딸이 결혼을 한다고 하니 남자가 어떤 사람인가를 떠나 무작정 반대를 하셨던 것 같다. 그래서 엄마는 혼자 생계를 돌보면서도 어릴 때부터 한 번 봤던 철학관을 지금도 거기에 의지해 그 사람 말이 다인 냥 그런다.

엄마를 지금에서야 내가 글을 쓰면서 이해를 하게 된다. 자기처럼 살지 않기를 바랐다. 그래서 공부를 하는 나를 끝까지 지원해주셨고 내가 고등학교 공부가 내 실력이 안 된다고 판단하고 미술과 체육을 전공한다 할 때에도 엄마는 들어주셨다. 왜냐면 자기가 어릴 적 식모살이로 힘들게 일만 하다 집안의 희생양으로 부잣집에 결혼을 하면서 모든 자기인생이 꼬여버렸으니 나에게도 돈 많은 사람, 어떠한 사람을 만나라거나 어떠한 사람과도 결혼에 대한 얘기를 하지 않으셨다. 나는 그랬던 것 같다. 엄마 말 잘 듣는 딸로 컸다. 그래서 공부를 좋아했지만 사회에서 마땅히 내놓을 만한 학교도 안 나왔고 석·박사까지 따기 위해 학벌을 위해 공부도 하진 않았지만 난 그래도 생계를 위해 일을 놓지 않으면서도 책도 놓지 않았다. 그래서 20대 작은 주공임대아파트 한편에는 나만의 책장이 있었고 내가 통영 갈 때도, 서울에서 혼자 자취를 할 때도 늘 책과 가까이 했다. 결혼을 했을 때는 책상과 책을 꽂을 수 있는 책상을 구입했다. 나는 계속해서 공부가 하고 싶었고 나만의 서재를 계속 꿈꾸었다.

결혼 후 전세 2년을 살았다. 아이가 태어나고 아이가 밤마다 울면서 앞집 아줌마와 마찰이 심해졌다. 소음 차단이 안 된 집에서 잘 때 소음은 많이 힘들었을 것이다. 사실 나도 첫애를 키울 때 너무 힘들었다. 모든 게 처음에 어렵지 않은가? 밤마다 빽빽 울고 잠을 제대로 못자고 어찌나 악착같이 수유할 때 젖꼭지를 물어뜯던지. 지금 생각하면 첫애라서 제일 몰랐다. 조금 더 그 아이를 이해해줬다면 그 아이의 성격이 달라질 수 있었을까 조금 나처럼 자기 감성을 제대로 표현할 줄 알고, 원하고, 하고 싶은 게 있으면 적극적으로 욕망을 하고 말이다. 그렇게 힘든 육아를 하면서도 책은 놓지 않았다. 지금도 생각해보면 수유할 때 그 시간이 아까워 내가 엎드려 젖을 물리고 책을 본 기억이 난다. 난 왜 그리 삶에 절절했을까 하고 생각을 해본다. 그렇게 아등바등 아이 셋을 낳고 사회생활 20년 하고 맞벌이로 14년을 살아내니 내가 지금 내 서재에서 글을 쓰고 있다.

이 집은 결혼 후 세 번째 집이다. 없는 형편에 무리하면서까지 아이들을 좋은 환경에서 키우고 싶었다. 그래서 우리부부가 그동안은 내 집 한 칸에 빚 없이 살 때는 일하고 주말에 가까운 근교에 놀러가고 그러면서 생활을 했다. 그러나 아이가 성장하고 조금 더 좋은 환경을 마련해주고 싶었고 나도 매일 똑같은 낡은 집보다는 새집에서 생활해보고 싶었다. 그러면서 생활에 많은 어려움도 줬지만 말이다. 새집은 밖의 풍광이 예쁘다. 처음 이 집을 보고 끌렸던 것도 금정산이 바로 보이고 햇빛이 비추어서 밝은 느낌이 좋았다. 거실에 TV보다 내가 꿈을 꾸었던 책장을 놓았다. 다른 집은 보통 TV나 웅장한 오디오 시설로 가득 채우나 나는 내가 좋아하는 책으로 가득 채우고 싶었다. 그 전 집에서는 그래도 거실에 TV가 있었다. 나도 아이들도 TV를 봤다. 그러나 내가 좋아하는 것들로 채우고 싶었고 아이가 커가고 내가 존경하고 좋아하는 사람들은 대부분은 거실에 TV가 없고 책장이 있었다.

다꿈스쿨의 청울림 님도 유튜브에서 보니 책장을 가득 채운 거실을 공개하셨고 또한 아들 셋이면서 억척같이 공부하는 김유라 님도 『아들 셋 엄마의 돈 되는 독서』 책을 쓸 정도로 책을 읽고 이전에 TV에서 새집을 공개할 때 아이들에게 물려줄 책을 소중히 한다고 했다. 그리고 내가 말이 잘 통하고 서로 아이 셋을 기르면서 대화를 하는 내 이웃집 지인도 책을 항상 보며 그 집의 거실에도 TV가 없고 온통 책장으로 가득 차 있다. 그리고 한 번씩 TV나 각종매체에서 보면 잘 키운 아이들의 집에는 항상 책을 가까이 한다는 것을 알 수 있다. 대부분 엄마가 그러한 마인드가 있기에 아이들에게도 통하겠지만 말이다.

아이가 성장하고 있고 나 또한 성장하고 있다. 엄마는 한가정의 대들보이다. 아이가 꿈을 키우고 엄마도 성장하고 삶에서 배워야할 공부와 내가 커야 할 역량을 키워야 하는 인생 공부, 모든 공부를 하기 위해서는 얼마나 큰 자질을 키워야 되고 성장해야 하는가.

옆집 애가 어떠어떠하더라, 카더라는 그 아이일 뿐이다. 나는 워킹맘이고 아이가 셋이고 내가 하고자 하는 꿈도 있고 너무 살면서 할 게 많은데 다른 집에 시시콜콜 관심을 갖고 수다를 떨기에는 내 삶이 바쁘다. 아이에게 필요한 공부를 시켜주되 아이 스스로 깨닫기를 바란다. TV에서 영재들의 성공이나 뒷바라지에는 대부분 부모의 역할이 어릴 적부터 있었으며 그 아이의 자질을 이끌어내는 것도 부모의 역량이다.

TV를 보는 것은 내 생각이 없어진다는 것이다. 내가 누군가의 TV 속의 사람을 보거나 유튜브를 본다는 것은 그 사람이 말하는 것을 그대로 받아들인다는 것이다. TV는 현재 내가 하고 있는 생각을 멈추게 한다. 그냥 아무 생각 없이 TV에서 나오는 대로 웃고 떠들고 그냥 느끼면 되니까 생각 없이 딱 시간 보내기에도 좋다. 재미있는 코미디프로나 연예프로그램 또한 한 번 빠지면 헤어 나오기 힘든 드라마들. 나도 한때는 그러한 TV도 보고 웃고 애달프고 그렇게 보냈었지만 없으면 없는 대로 살아간다. 사람은 환경의 동물이니깐 말이다.

이전에 서울에서 혼자 자취할 때 뉴스에서 만두 파동이 나서 아침부터 고객들이 만두를 환불하러 물밀 듯이 왔을 때 고객들에게 무슨 일이 있나요 하고 되물은 적이 있다. 이 아가씨 세상 돌아가는 거 모르네 하고 고객이 말했던 적이 있었다, 전 집에 TV가 없어서 하고 웃어넘겼지만 말이다. 아무튼 TV는 내가 이유 없이 웃고 싶을 때 아무 생각 없이 나를 비워낼 때가 편한 매체인 것은 맞다. 내가 하는 일이 헬로비전 통신업무를 하면서도 나는 고객들이 하루만 TV가 고장 나도 빨리 안 오냐고 하는 고객들을 보면 TV 하루 안 본다고 하는 사람들이 조금 이해가 되지 않기도 한다. 어르신들이야 이해를 하지만 TV 말고도 세상에는 할 일이 나는 많다고 생각하기 때문이다. 엄마가 드라마나 TV를 앉아서 보는 모습을 본 적 없고 가끔 엄마가 노래프로그램을 좋아하시는 모습을 보고 나도 이제 그렇게 되어 가고 있구나 하고 느낀다. 먹고 살 걱정, 많은 고민을 해야 하며 앞으로 어떻게 살아내야 할지를 계속해서 고민해야 하기에 TV를 볼 마음의 여유가 없었던 것이었다. 엄마도 지금의 나처럼 아이가 셋이고 혼자 먹고 살 걱정에 항상 빠듯하게 살았을 엄마의 모습이 보인다.

아이들이 TV를 보면서 자기 생각을 잃지 않았으면 했다. 나는 나만의 꿈인 책장이 있는 거실을 만들고 싶었다. 결론은 꿈꾸는 사람은 그 꿈을 닮아간다. 내가 계속해서 내 목표를 달성하기 위해 계속해서 삶에 도전을 하는 이유이기도 하다. 나는 TV 없는 나만의 공간을 꿈꾸었고 그것을 이루었다. 아이들도 자기의 꿈을 하나씩 이루어가고 있다. 아이들은 내가 낳은 부속품이 아니듯이 하나씩 하나씩 자기의 인생을 만들어갔으면 했다. 지금은 거실에도 책장이 있는 나만의 거실의 공간 또한 큰방 한편에는 또한 나만의 개인 서재가 또 있다. 내가 좋아하는 나의 서재 진짜 이공간은 진정 나만의 개인서재이다. 엄마가 되고 결혼을 하고 아이를 놓고 하면서 자기 책상 하나 없는 엄마도 많다. 대부분의 사람들은 대학 이후 공부를 하지 않기 때문이다. 그러나 나는 달랐다. 계속해서 나를 위한 공부를 계속해서 했고 책상을 늘 가까이 했고 나만의 서재를 꿈꿨고 나만의 꿈을 계속해서 이루고 성취하고 발전하고 있으니깐 말이다. 우리 집에 TV가 없는 것은 TV가 필요하지 않기 때문이다. TV보다 더 재미있고 삶에는 무궁무진한 세상이 더 가득하니깐 말이다.

04

뒤늦게 만난 책이 어른 공부의 시작이 되었다

한창 공부해야 할 나이에는 교과서 위주의 책을, 입시로 공부를 할 때에는 문제집 위주로 책을 봤었다. 이때에는 책이 학업 위주라 나에게 깊이 와 닿지는 않았다. 내가 본격적으로 책을 좋아하는 계기가 된 것은 대학교 때부터였고 그 이후 지금까지는 내가 필요한 책을 찾아서 공부하고 지금도 내가 스스로 필요한 공부는 찾아서 하고 있다. 사회생활을 할 때는 주로 서점에서 내가 좋아하는 편한 책을 주로 읽고 했으며 아이를 키울 때는 주로 여성으로서 커리어를 키우는 여성 멘토들의 책을 주로 읽었고 이제 아이 셋을 다 놓고 아이가 성장하고 아이들의 꿈을 위해 경제적으로 조금 더 지원하기 위해 돈 공부 부자 공부를 위한 책을 읽고 또한 우리나라에서는 일반 직장인으로 부자 되기는 힘들기 때문에 부동산 공부도 하고 경매 공부도 하면서 경제 관련 책을 읽으며 모든 꿈을 키워가게 되었다. 진정한 공부가 시작이 된 것이다. 사람은 누구의 의지도 아닌 자기의지가 강할 때 내 안의 실행력이 상승한다. 왜냐하면 나를 강하게 일으키는 내 안의 힘이 성장하기 때문이다.

나는 내 스스로가 인문계 고등학교에서 4년제 대학교를 가지 못하고 전문대학을 가버려서 내 안의 나에 대한 학업에 대한 못 다한 꿈이 있었다. 고등학교 때는 체대나 미대를 위해 뭐든지 도전했었다. 대한민국에서는 결코 순탄치 않은 길. 보통 사람은 그 시기에 이것저것 도전하기보다 목표한 대학을 위한 공부를 하지 자기 꿈을 위한 공부를 하지 않는다. 내 성적에 맞는 학과를 간다는 것은 내가 원하는 꿈은 아직 없다는 것이기도 하다. 그러나 나는 달랐다. 뭐든지 하고 싶은 게 있으면 바로 하는 나의 실행력도 있을 것이다. 왜냐하면 나는 집에 엄마 아빠의 힘든 부재도 있었지만 그 대신 내 마음대로 할 수 있는 무모한 자유와 두려움보다 실행을 먼저 하는 배짱이 있는 사람이기 때문이다.

유통을 전공하고 거기에 맞는 취업을 교수님의 추천으로 처음 입사한 마냥 좋았던 나의 첫 직장은 좋은 사람들과 함께한 첫 유통점이었다. 부산의 신항만, 외국인이 드나드는 항구에 첫 오픈한 유통할인점 세이브맥스라는 곳이었다. 창대하고 좋을 것 같았던 사회생활에서 나는 돈에 대한 마인드와 그동안 학과에서 열심히 공부를 하며 바랐던 것은 이게 아닌데 하는 생각 때문에 스스로 일을 그만두었다. 공부만 하자고 마음먹고 갔던 전문대학이었다. 교수님의 남다른 학과 교육방식은 고3 못지않게 공부를 시켰으며 나는 거기에 발맞추어 공부만 했었다.

우리 집 모라주공아파트에서 해운대 반송까지 버스로 1시간 걸린다. 지하철도 없던 시절 나는 남들보다 빨리 도서관에 가서 공부하기 위해 새벽에 집을 나섰다. 누가 그렇게 시킨 것도 아니었다. 내가 스스로 결심한 내 안의 힘이었다. 나는 여고를 나와 남자도 잘 모르고 남자와의 관계도 잘 몰랐다. 공부만 하고자 했다. 학과 수업을 열심히 듣고 학과 자격증도 바로 따고 그랬던 나날들이다. 공부가 재미있었고 책이 좋았다. 그러나 첫 직장에서는 이렇게 일한 대가보다는 한낱 계산원을 시켜서 가장 하찮게 여겨졌던 일을 하고 있으니 내 스스로가 이게 아닌데 하면서 그랬던 것 같다. 그리고 돈을 만지는 유통업체에서는 돈에 대한 확립이 바로 서지 않으면 돈에 끌려 내가 나에게 바로 서지 못하는 사람이 되기도 한다는 것을 알게 해준 첫 직장이었다.

그렇게 새롭게 마음을 다 잡으며 시작된 나의 도전 롯데마트. 전공을 살려 했던 일들이 계속 내 일이 되었다. 그래서 사람들은 사회에서 첫 직장이 얼마나 소중한지를 알게 된다. 일을 하면서도 쉬는 시간 틈틈이 책을 읽었다. 책을 읽으면서도 주변에 이 책이 어울릴 것 같은 사람에게는 책 선물을 했었다. 그중에 한 권의 책이 『NQ로 살아라』라는 김무곤 님의 책이다. 내 직속 상사에게 선물로 주었던 책이다. 사는 게 너무 각박해 보여 사람관계에 대한 책을 선물한 적이 있었다. 이 책은 말한다. 먼저 사람에게 다가서고, 먼저 자기 것을 내어주면 언젠가는 큰 힘이 되어 돌아온다. 이것이 바로 NQ의 힘이다. 성공하고 싶다면, 리더가 되고 싶다면 나누고 베풀어야 한다. 아무런 조건 없이 자신을 낮추고 남을 배려하면 모든 사람에게 존경받고 스스로의 가치도 올라간다. 이것이 바로 NQ의 철학이다. NQ는 개인 중심의 성공에 집착하기보다는 다른 사람을 도우면서 서로의 성공을 도모하는 21세기의 새로운 행복론의 한 방법이다.

세상은 혼자 사는 것이 아니다. 다른 사람들과의 '관계'가 성공과 행복의 여부를 결정한다. 다른 사람과의 네트워크를 얼마나 잘 만들고, 잘 꾸려나가는 것이 무엇보다 중요하다. 내게 제일 일을 잘 가르쳐주고 내가 사원에서 관리자로 성장하게끔 이끌어준 상사이지만 너무 딱딱하게 구는 게 힘들어 보여 권했던 책이었다. 갈수록 잘되는 사람들은 스스로 '좋은 네트워크'를 구축한 사람들이라는 것을 알려주고 싶었던 내 마음이었다. 먼저 사람에게 다가서고, 먼저 사람에게 고개를 숙이고, 먼저 자기

것을 내주었기 때문에 성공한 사람들이다. 책은 그렇다. 다른 사람에게 나누어주면서도 나도 성장하게끔 한다. 좋은 구절이나 좋은 내용의 책들을 선물 해주었다. 그러나 사람들은 생각보다 책을 좋아하지 않는다. 나에게는 꼭 필요하고 도움이 되는 책이었는데도 사람들마다 책의 소중함을 모르는 사람들이 많았다. 대부분의 사람들은 고등학교 때 입시 준비로 필요한 공부만 하다가 정작 내 인생의 공부가 절실히 필요한 20대 이후 사회생활을 하면서도 자기를 위한 독서를 계속해서 해야 한다는 것을 모른다. 왜냐하면 절실하지 않고 그 하루하루에 이제는 익숙해진 사회에서의 삶을 살아가기 때문이다.

대부분의 성공자들은 책을 읽는 다독가이다. 왜냐하면 책은 나보다 더 먼저 살다간 선조들의 지혜를 옮겨놓고 그 시대 살았던 앞선자들의 이야기를 기록해놓았으니 우리는 현실에 일어나는 모든 일들을 이미 겪었던 사람들의 지혜와 경험을 빌리는 것이다. 그게 인간관계에 있어서나 삶을 살아가는 경제력에 있어서든 앞선자의 생각, 성공자의 생각, 우리가 살아가는 자본주의 시대 이미 앞선자들의 생각들을 읽어야 하는 것이다. 다들 사는 대로 생각하지 않고 생각을 하고 살아야 되는 것처럼 우리가 살아가야 할 날들이 무수히 많고 우리 어르신들의 지혜가 달리 지혜가 아니다. 왜 다 살아온 경험의 지혜가 있었다. 이미 다 겪었고, 겪어내었고 지금도 이미 하루하루를 살고 있지 않은가! 우리는 그 뒤를 시행착오 없이 그대로 뒤따라가면 되는 것이다. 왜냐하면 이것저것 경험을 다하면서 배우는 경험을 쉽고 빠르게 단기간 내에 할 수 있기 때문이다.

책을 좋아하는 독자에서 이제는 책을 쓰는 작가의 삶을 살게 한 〈한국책쓰기1인창업코칭협회〉(이하 한책협) 김도사(김태광)님의 책들은 나에게 그동안 살아온 가난한 부의 마인드를 바꾸어놓았다. 우리는 알게 모르게 자기 안에 내재된 자아의식을 어릴 때부터 부모에게 영향을 받는다. 계속해서 세뇌되기 때문이다. 형편이 어려울수록 아끼는 것에 초점을 맞춘다. 나도 그랬다. 아이가 셋이고 아이들이 성장하면서 원하는 것은 계속 늘어나는데 내가 벌 수 있는 직장인의 월급은 정해져 있고 그렇게 내가 살아온 나의 일은 항상 정해진 틀에 갇힌 돈을 버는 일. 그러나 『자본 없이 콘텐츠로 150억 번 1인 창업 고수의 성공 비법』 등 김태광이라는 책 쓰기 도사님의 책들을 보면서, 그리고 책을 쓰면서 나의 어릴 적 가난한 마인드에서 빠져나올 수 있었다. 그리고 얼마든지 세상은 돈이 무한하며, 회사의 시스템으로는 돈을 벌 수 있는 한계가 있다는 것을 알게 되었다. 그리고 나의 무의식에 있는 항상 아끼는 것에 맞춰진 부모님의 영향력을 벗어나 돈을 더 벌고자 하는 욕망이 나의 실행력을 올릴 수 있다는 사고로 바뀌게 할 수 있음에 또 다른 성장을 하고 있다.

사람의 생각은 잘 바뀌지 않는다. 수십 년을 살아온 한 사람의 생각을 하루아침에 송두리째 바꾸기는 쉽지 않기 때문이다. 우리가 아무리 강조하여도 내가 망아지를 물가로 데려갈 수는 있어도 물을 먹이지 못하는 것처럼 물가까지 아무리 끌고 데려다 놓아도 직접 물을 먹고 싶은 사람은 직접 자기가 물을 먹어야 하는 것이다. 자기의 의지가 무엇보다 중요한 것이다. 우리는 사람의 행동 중에 제일 크게 좌우되는 것이 그 생각이라는 것이다. 사람의 생각이 행동을 이끌기 때문이다.

매일 매일 새로운 책들이 쏟아져 나온다. 그 수많은 책들 속에서 나에게 맞는 책을 찾는 것과 성장하고 발전하기를 기대하는 책들로 이제는 가득 채우고 싶다. 시중에 판매하는 베스트셀러가 꼭 좋다고 말하는 것이 아니다. 울림과 자기의 마음의 위안이 되는 글은 한 사람의 독자로 하여금 살게 하는 힘이 된다. 내가 그동안 읽어왔던 책들은 수박 겉핥기식으로 읽었다면 이제는 나의 의식을 지배하는 내 행동과 사고를 바뀌게 하는 독서를 한다. 그리고 나의 글을 쓰면서 가장 힘들었을 나에게 이제는 진정한 어른공부의 시작을 하라고 말을 건네준다. 나에게 가난만을 주게 한 나의 마인드에 이제는 너도 부자가 될 수 있다고 말해주는 것 같았다. 이제는 욕심을 부려 나도 진정한 어른으로, 이제는 인생 2막을 살라고 한다. 너도 이제 누려도 된다고 말이다.

05

나를 성장시키는 독서를 시작한다

그동안 해왔던 독서는 내가 책을 읽고 싶을 때나 위로받고 싶을 때나 심심할 때나 책을 고르고 읽고 했던 독서였다. 그러나 내 안의 변화가 필요할 때쯤 찾아온 독서는 내 의식을 높이고 경제적 부에 관한 독서를 위해 애쓰게 되었다. 여느 가정의 살림살이가 그렇듯이 나는 남자 아이 셋을 기르고 내 일과 육아와 모든 것을 해내야만 하는 엄마이다. 아이가 야구선수의 꿈을 품고 앞을 보며 달려가고 있으며, 나 또한 직장생활이 내 미래를 보장해주지 못한다는 생각으로 시작된 어느새 직장 10년 차 엄마이다. 그동안 해왔던 사회생활에서 이제 내가 나이가 들어간다는 신체의 한계를 느끼고 있다는 것이겠지 않겠는가. 미래를 준비하라고 한다. 나는 생각을 하면 실행을 하는 사람이다. 그러면 어떻게 해야 하나 답을 주는 사람은 없다. 그러면 나는 책을 통해 또 나의 해답을 찾는다. 집근처가 부산대학교 근처라 서점과 카페가 많은 장점이 있다. 여느 일상과 마찬가지로 내가 좋아하는 부산대 근처 다사랑 문고에 갔다. 한창 내가 돈에 대해 공부를 할 때 눈에 들어온 책 한 권.『나는 부동산투자로 경제적 자유인이 되었다』이다. 남편의 암으로 힘들었을 삶을 부동산 투자를 통해서 삶을 개척하고 나아갔다고 한다.

저자의 다른 책을 검색하다 보니『부동산 왕초보 엄마의 기적의 재테크』김은화 저자의 책으로 생전 처음 컨설틴트라는 것을 받으러 가게 되었다. 내가 살고 있는 부산에서 서울까지 비행기를 타고 1시간 컨설팅을 받게 되었다. 그러면서 〈김서진 경매투자교육〉 강의를 듣게 되었으며 실전에서 할 수 있는 경험을 돈을 투자해 배웠다. 그리고 낙찰을 받고 임대인이 되었다. 경매의 꽃은 단연코 인테리어다. 헌집을 사서 예쁘게 수리하고 임차인에게 예쁘게 보여야 되는 것이다. 인테리어 수업까지 병행하고 있어서 낙찰 받고 인테리어 하고 임대하고 요렇게 한 사이클을 완성하며 경매의 기본적인 실전은 완료할 수 있다.

또한 나는 필요한 강의를 들으러 서울로 가거나 지방에서 하는 경연을 찾아서 들으러 다녔다. 나는 내가 성장하기 위해 노력하고 움직이는 사람이니까 말이다. 아이 학교에서 부모지도교육 과정이 있으면 온라인강의를 들으면서 수료하고 도서관에서 하는 좋은 부모교육 강의를 듣곤 했다. 한날은 유튜브를 보다가 말하는 사람이 따뜻하게 조곤조곤 책을 소개해주는 김새해 님을 보고 카페를 가입하고 서울에 독서모임을 가게 되었다. 괜찮은 책을 소개하는 독서모임을 통해 알게 된 책들을 그때부터 읽기 시작했다. 『백만장자 메신저』, 『스마트컷』, 『백만불짜리 습관』, 『나는 4시간만 일한다』 등등의 책들을 읽었다.

　무엇보다 돈을 알아야 한다고 생각했다. 내가 이렇게 일만 하고 살아왔는데도 내 삶이 조금 더 나아지기 위해서는 우리나라 자본주의 즉 돈 공부를 해야 한다고 생각했다. 그렇게 돈에 대한 의식과 마인드를 따라가다 보니 조성희 님의 마인트스쿨 강의도 들으러 서울로 가게 되었다. 돈을 사랑하고 긍정적으로 바라봐야 됨을 일깨워주는 강의였다. 조성희 님은 밥 프록터의 『위대한 발견』이라는 책을 참석자들에게 주었고, 돈에 대한 긍정적인 마음을 가져야 한다고 한다. 자기도 무척 힘들었던 어린 시절의 삶을 살아내고 삶에 도전하라고 말한다. 의식의 힘을 공부하기 위해, 밥 프록터만의 코칭 프로그램들을 듣기 위해 LifeSuccess Consultant 자격증을 한국인 최초로 밥 프록터에게 받았으며, 한국어로 프로그램을 진행하고 있다. 이분의 프로그램에서 말하는 내용들 중 "당신이 무엇을 원하는지 알려준다면, 나는 그것을 어떻게 이루어나갈 수 있는지를 보여주겠다."이다. 성공적인 인생을 산다면 분명한 목표가 있어야 한다. 목표가 중요함은 나는 내가 하는 일에서도 느낀다. 지금 하는 일은 콜센터 상담사 일이지만 고객과 상담을 하면서도 회사에서 요구하는 영업목표가 있다. 어느 회사나 마찬가지로 이익이 나는 회사를 만들기 위해서는 성과가 나야 한다. 나도 처음부터 이렇게 회사가 요구하는 목표를 향해서 의식적으로 따라가진 않았지만 나에게도 목표가 생기게 하는 계기가 있었다.

이 회사를 10년 전 처음 입사할 때 내 나이 34살이었다. 둘째를 놓고 새로운 일을 찾기 시작하면서 도전했던 일이다. 콜센터일은 시간이 좋다. 정해진 시간 내에서 최소한 내가 해야 할 일들만 무리 없이 처리하면 끝이 있다. 새로운 일을 할 때 그때의 짜릿한 도전! 나는 25기 우리 기수들 중 단연코 최대한으로 노력해서 1등을 했다. 그때 젊은 친구들도 많았음에도 불구하고 나는 최대한의 결과를 이끌어 냈다. 그러나 똑같은 일을 계속해서 하다 보니 어느새 10년의 삶이 무료해지고 매일 고객들의 말들로 지쳐갔다. 그때는 목표도 없었다.

그때는 내 집 한 칸이 있었고 맞벌이 부부였고 큰 빚 없이 살아서 큰 걱정이 없었다. 그러나 매일 살고 있는 이 집보다 창밖으로 보이는 저 새집으로 가고 싶었다. 그리고 아이들을 더 좋은 환경에서 키우고 싶었다. 그러면서 실행을 하게 되었다. 더 큰집으로 간다는 것은 현실에 안주하며 살지 않았다는 뜻이고 빠듯한 살림에 지금 있는 돈보다 더 벌어야 됨이라는 것을 깨닫기 시작했다. 그러면서 목표가 생기게 되었다. 왜냐하면 회사에서는 목표를 했을 때 더 많은 인센티브를 주니까. 그러면 나는 그 회사의 인센티브를 받기 위해 더 목표 달성에 매진하니까 말이다.

모든 게 행동력이다. 내가 현실에 안주하는 삶을 살았다면 나는 그냥 거기서 머무른다. 그러나 행동을 했고 목표가 생기면 삶을 바라보는 관점도 바뀐다. 내가 목표 없이 살 때 나와 일했던 리더들이 지금의 모습과 이전의 모습이 다르다고 한다. 모든 게 가정에서 비롯된다. 나는 아들 셋 엄마이고 아이들의 더 많은 요구와 하고자 하는 것을 들어줘야 한다. 그리고 아이의 꿈을 위해 또 엄마는 더 열심히 달려가야 한다. 내가 만약 미혼이고 결혼을 하지 않았다면 이러한 내 안의 도전이 더 절실하게 필요하진 않았을 것이다. 그래서 대부분 성공한 여자나 사회에서 공헌한 사람들은 어떠한 것에 절실함이 있다. 나는 그것이 나의 아이였고 우리 가정을 지키기 위한 간절함이었다.

오늘 새벽도 어김없이 새벽기상을 하고 우리 집 앞산 금정산을 바라보면서 나는 생각한다. 이전의 집을 보면서 말이다. 내가 저기서 이 집을 바라볼 때 지금 내가 저 옛날 집을 바라볼 때와 나의 사고는 완전 바뀌었다. 그래서 사람은 환경이 사람을 바꾸는 게 맞다. 내 주변의 환경이 바뀌었다. 그리고 만나는 사람이 바뀌었다. 나의 생각이 바뀌고 있으면 나의 가치는 성장하고 있다. 내가 현실에 안주하고 변화를 거부하고 도전을 하려고 실행을 하지 않았다면 나는 어떻게 되었을까? 그동안 무수히 삶에 질문을 던졌던 나에게 이젠 말을 걸어온다. 살아내느라 힘들었지? 이제는 그 힘듦을 글로 풀어내고 쓰는 작가라는 제2의 나만의 타이틀로 이제 사람들에게 조금 더 따뜻하게 말을 건네보자. 어느 누구도 쓸데없는 인생 살아오지 않았듯이 모든 게 내 마음에서 비롯됨을 알아야 한다.

조성희 님의 강의를 들으면서 목표가 중요함을 깨닫게 되었다. 이 프로그램에서는 목표설정과 성취부분에서 가장 효과적인 프로그램이며 중요한 내용을 이렇게 요약을 한다.

내가 진정으로 원하는 것이 무엇인지를 결정하고 그에 따라 목표를 어떤 식으로 선택하는지에 대한 목표설정 과정.
내가 목표를 성취하는 것으로부터 방해하는 잠재의식에 깊게 뿌리 박혀 있는 조건화된 생각들을 조사하고 그것들을 뿌리째 뽑는 방법 등.

이렇게 구체적으로 삶의 비전을 제시한다.

인간의 마인드가 중요함을 이야기한다.

그리고 내가 작가로 내 책이 출판되기까지 처음 만난 〈한책협〉의 수장 김도사님의 의식 책들과 필사 책들이다. 참 나랑 비슷한 환경에서 150억 부자가 되기까지 많은 힘든 과정을 이겨내고 현재 수많은 제자들을 배출하고 그리고 그 기술들을 또 제자들에게 가르치고 전수하고 있다. 새벽에 기상해서 필사를 하면서 내 마음을 다잡고 시작하는 하루는 그냥 시작하는 아침과는 사뭇 다른 아침이 시작된다. 다양한 필사 책을 접하면서 내 안의 또 다른 나를 만나게 된다.

어릴 적부터 힘든 가정사가 내게는 부끄러움이었다. 나를 몰랐던 나에게 이제는 조금 가슴을 펼치고 나아가라고 한다. 너는 충분히 아름다우며 너의 삶을 맘껏 펼칠 수 있다고 말한다. 나도 모르게 내 주변의 사람들 즉 부모에게서 어릴 때부터 무의식적으로 돈에 대한 관념과 신념을 배운다. 지독히도 가난했던 우리엄마는 항상 아끼는 것에 초점을 맞추었고 다행히 돈에 대해서는 긍정적이라 돈이 나를 행복하게 해주는 것임을 일깨워 주곤 했다.

이제는 아끼는 것보다 더 버는 것에 초점을 맞추고 없음보다 있음에 삶의 방향을 맞추자. 그리고 나를 성장시키는 독서를 하자. 시중에 나와 있는 베스트셀러들의 책들보다 내 안의 나를 발견할 수 있는 의식 책들

을 읽고 그동안 나를 잘 모르고 살았던 내 삶을 바라보고 통찰력을 길러

보자. 내가 책을 읽고 또 책을 쓰면서 내가 나를 알아가는 과정이 바로

성장하는 독서를 하는 작가라는 삶을 살고 있다는 것이다.

06

일하는 틈틈이 책을 놓지 않은 이유

가만히 무료하게 시간을 보내는 것을 잘하지 못한다. 항상 뭔가를 해야 된다는 내 안의 빈곤에서 비롯되었을 것이다. 모든 게 생계로 이어진 어릴 적 가난이 나에게 준 불안일 것이다. 남들처럼 한가히 놀지는 못했던 것 같다. 그래서 내가 잘못 살아왔다는 것이 아니라 그만큼 충만한 뭔가를 계속해서 갈구를 해왔다는 것이다. 학교 졸업 후 여러 일들을 하면서도 나는 책을 계속해서 읽었다. 출근시간 지하철 안, 아까운 시간에는 책이 항상 있었고, 일할 때 나에게 주어진 몇 분 간의 휴식 시간에 책을 읽었고, 집에서도 책을 읽었고, 지금 일하는 곳은 도심이라 마치고 책방이 많다 보니 잠깐 몇 분 시간을 내어서도 책을 읽었다. 그리고 휴일처럼 더없이 시간이 많을 때는 도서관이나 근처 서점에 가서 책을 읽었다. 친구를 기다리거나 할 때 무료하고 멍청하게 보내는 시간은 내겐 없다. 그냥 책을 읽었다. 뭔가를 하지 않는 시간은 없다. 24시간 주어진 시간에 내가 계속해서 내가 하고 싶은 것들로 채우는 나만의 시간은 언제나 행복한 시간이다. 나만의 오늘 하루, 24시간이라는 시간 속에 나에게 행복을 주는 시간은 언제나 책을 읽고 내 안의 명상을 하며 삶을 풍요롭게 채우는 것이다.

내가 무료하게 보내는 시간은 없다. 나를 위해 발전하는 시간이 나에게는 필요했다. 어떻게 보면 삶이 불안했다는 것은 어릴 적부터 아버지의 부재, 엄마는 경제적 생계를 위해 바쁜 나날 속에서 나 혼자 스스로 뭐든 해야 하는 내 안에서 만들어진 생각일 것이다. 세상에 기댈 사람이 아무도 없고 내가 스스로 삶을 살아나가야 된다고 생각하며 한가하게 놀 시간이 없다. 왜? 모든 게 생계이니까 말이다. 나는 그것을 책을 보면서 버텼던 것 같다. 왜 사람은 생각이 많아지면 계속해서 다른 생각 안 좋은 생각으로 꼬리에 꼬리를 무는 것을 계속하기 때문이다. 그럴 때는 내 생각을 끊고 앞선 성공자들의 책을 읽거나 아니면 조금 두꺼운 소설책을 읽으면서 방 안에 틀어박혀 책 속에 파묻히다 보면 내 안의 문제보다 그 책 속의 주인과 책 속의 친구들을 따라가게 된다. 나만의 상상력으로 나래를 펼치며 나는 그 책 속의 인물이 된다.

부동산 공부를 하면서 알게 된 투자캐스터 님의 흔한 직장인 마이너스 통장으로 시작하는 부동산 투자자(only지방 아파트투자로 9년 만에 27억 벌기) 이 분은 일반 공기업의 직장인이었다. 매일 아침 출근할 때 내가 끌려서 봤던 유튜브 내용들은 자기가 투자하면서 겪은 내용들을 알려주고 있다. 이분은 주한대사로 외국에서 파견근무를 하면서 그 방안에서 책을 독파하고 계속해서 공부를 했다고 한다. 외국이니 친구랑 만나서 놀 시간도 없고 자기만의 공부로 가득 채우면서 서서히 퇴직을 꿈꾸며 자기만의 부를 가꾸면서 준비했을 것이다. 내가 청울림이나 렘군 투자캐스터 이분들의 삶을 공경하고 따라 하고 배우는 것은 나처럼 직장생활의 한계를 극복하고 자기만의 색깔로 부를 일구었고 또한 일, 직장인의 고리를 끊고 자기만의 공부와 꿈으로 삶을 살아내고 있다는 것이다.

청울림의 직장인을 벗어나기 위해서 부동산 공부를 독파하며 전국을 돌아다니며 경매를 하고 월세를 만들기 위해서 고군분투하고 낮에 일하고 밤에 수리하고 잠을 이기기 위한 새벽운전을 위험을 무릅쓰고 하면서 일구어낸 결과일 것이다.

손정의 소프트뱅크사도 지금은 부를 일구었지만 이분도 자기만의 독서에 빠지면서 그 안에서 뭔가를 이루어낼 수 있었던 계기가 있었을 것이다.

모든 사람은 절실한 환경에서 뭔가를 이루어낸다. 삶 속에서 내가 살아내야 하는 이유가 계속 주어지기 때문이다. 일반인들은 그냥 현실에 주어진 대로, 그냥 사는 대로 생각을 한다. 그러나 보통을 떠나 조금 나은 삶을 살아내는 사람들은 생각을 하고 계속해서 성공자의 생각으로 삶을 살아내고 있다. 변화를 위해 발돋움을 하며 계속해서 성장하는 이유는 무언가를 위해 변화가 필요한 사람일 것이다. 뭐든 변화를 해야 된다고 자기 안에서 주어진 동기부여일 것이다.

지금 하는 일은 콜센터 상담사일을 하고 있지만 그전에 한 일들도 대부분 서비스업이다. 사람과 대면에서 만나는 일이 대부분이었다. 아무래도 사람과의 모든 복잡한 감정에서 오는 각종 문제들을 혼자 풀었던 방법은 책을 보고 자기 스스로 정화하거나, 혼자 음악을 들으며 춤을 추거나, 아니면 주변 산책을 하거나 해서 몸을 계속해서 움직이면서였다. 관계에서 오는 모든 문제들은 내가 어떻게 바라보냐에 따라 달라질 수 있으며 내가 그것을 부정이 아닌 긍정으로 바라본다면 얼마나 신나게 바라볼 수 있는가의 차이다. 삶은 내가 움직이는 대로 따라서 움직이며 나를 더 잘 알기 위함이니라. 나는 끓어오르는 내 안의 흥을 나 스스로 감추고 있었고 나를 더 자세히 바라봄에 나는 이렇게 책을 써내려간다.

책은 일을 할 때 마다 힘든 나를 응원해준다. 그래 너 잘하고 있고 더 잘하기 위해 발버둥 치며 나아가고 있구나 하고 말한다. 그래서 나는 20대 이후에도 계속해서 출퇴근하는 그 시간에 책을 읽기 위해 책을 언제나 가지고 다닌다. 지금도 계속해서 책을 가까이 하며 책을 읽고 또 쓰는 작가엄마의 일상을 펼치고 있다. 나를 드러내자. 나는 그동안 내 스스로에 갇힌 나를 드러낼 필요가 있다. 하고 싶은 것을 더 드러내고 내가 한 번 더 생각했던 것을 이제는 크게 표현하자. 내가 표현하지 않으면 사람들은 모른다. 나는 어릴 때부터 눈치가 빨라 뭐든지 잘했지만 대부분의 사람들은 나처럼 눈치가 빠르지 않다. 나는 그래서 조금 더 적극적으로 다가가 더 멋있게 인생을 한번 살아내자고 말한다. 나는 이 세상에 태어났고 더 성장할 것이며 더 멋진 미래만을 위해서 달려가기 때문이다. 내 안에서 일어나는 변화는 나를 항상 성장시켰다. 지금 내가 하고 있고 버텨내면서 해야 하는 일은 무엇인지 알려주었다. 내가 끌어당긴 결과이며 계속해서 내가 끌어당기면서 걸어가야 할 이유이다.

나를 표현하자. 한 번이 어렵지 그 한 번의 도전이 나에게 많은 것을 변화하게 해주었지 않느냐 말이다. 내 모습이 너무 좋아서 이제 그렇게 신나게 즐기며 살아보자고 말한다. 인생중반 그렇게 일만하며 살아온 인생에 이제는 변화가 필요하다고 한다. 아무도 너를 꺼내주지 못하며 네가 꺼내야 할 너는 너 자신이라고 말이다. 그렇게 삶을 긍정적으로 바라보고 달려가야 하는 이유이다.

오늘은 일주일의 시작 월요일이다. 일반 직장인들이 다들 힘들다고 하는 요일이다. 주말 동안 휴일에 익숙해진 나의 휴식 모드를 이제는 일하는 모드로 바꿔야 된다는 것이다. 삶은 어떤 것에도 거짓이 없으며 똑바로 살고자 한다면 언제나 거기에 합당한 결과를 준다. 기분 좋음이 중요한 이유이다. 내가 항상 일하기 전에 기분 좋음을 유지하는 이유는 그 에너지가 다른 사람에게 전달이 되기 때문이다. 즐겁고 희망차고 삶에 에너지가 넘치는 사람은 무언가를 할 때 기분이 좋다. 그러면 자기의 기분이 좋음에 다른 사람에게 그 기운을 나눠줄 수가 있다.

내가 일을 하면서도 책을 계속해서 읽고 나만의 공부를 찾기 위해 고군분투하는 것은 나에게 주어진 환경의 문제이지만 나는 그 환경에 항상 맞서서 버텨낸 것 같다. 일을 하면서도 새벽 영어 강의를 듣고 출근하고 점심시간 어릴 적 못 다닌 피아노를 배우고 싶어 잠깐 주어진 내게 학원을 끊고 배우고 회사근무지를 지원할 때마다 항상 최선의 결과로 1등 목표로 달성했으며 나에게 주어진 책임을 다하려고 했다. 나는 삶에 항상 공짜가 없다는 것을 알았다. 지금도 내 주변 일반 직장인들은 휴일에 쉬거나 TV를 보거나 웃고 떠들고 그냥 마냥 삶을 산다. 그러나 나는 생각을 했으면 실행을 하기에 내가 직장을 출근하면서 든 생각에 답을 내기 위해 내가 일요일 새벽 2시 45분에 깨서 나만의 책을 쓰고 있다. 나는 다른 사람들보다 조금 더 나은 삶을 살아내기 위해서, 그리고 나의 가장 사랑하는 가족 내 아이들을 위해서 더 강한 엄마로 성장해야 되기에 그러하다. 그러기에 내 손에는 책이 계속해서 있는 이유일 것이다.

07

자유시간은 책 읽는 시간

내가 멍하니 노는 시간이 있었나 싶다. 내가 아무 일도 하지 않고 할 일 없이 있어본 시간이 있었나 싶다. 항상 뭔가를 하고 있었다. 그게 나를 위한 일이든 타인을 위한 일이든 말이다. 나는 나한테 항상 뭔가가 모자라다고 나한테 그것을 묻곤 했다. 지금 내가 지나온 나의 삶을 되돌아보니 나는 어릴 적 못 받은 사랑을 타인에게서 찾고 있었다. 내가 나를 사랑해도 된다는 것을 내가 이제 깨닫는다. 나의 삶의 주체는 나라는 것을. 나를 사랑하지 않으면 그 누구도 나를 사랑하지 않는다는 것을 이제야 깨닫는다. 나는 나를 사랑하는 힘보다 타인에게 사랑을 더 받기 위해 계속해서 자기계발을 하고 있었다. 내가 나한테 채우지 못하는 결핍을 타인에게서 찾으려는 것처럼 말이다. 그래서 나는 가만히 쉬지를 못하고 항상 무언가를 하고 있었다.

일할 때 아니어도 항상 일복이 많은 건지 나는 항상 무엇을 하고 있었다. 이것은 어릴 때부터 나에게 항상 휴식을 주지 않아서 그런 것 같다. 생계를 위한 일을 하든 아니면 나의 일을 하든 말이다. 그래서 일할 때 말고는 늘 책을 가까이 하고 있다.

내가 일할 때 말고 친구와 수다 떠는 시간 말고 나는 항상 책을 읽었다. 특히 일을 하지 않는 시간에 오로지 내가 좋아하는 책을 보는 시간은 정말 꿀이다. 일을 할 때는 힘듦과 불편함을 의식적으로 생각하고 그것을 잊고자 할 때는 책만 한 것이 없다. 왜냐하면 책을 읽을 때는 그나마 그 책 속에서 나의 현실에 힘듦을 잊을 수 있으니까 말이다. 책 읽는 시간은 너무 행복한 시간이다. 새벽에 읽는 독서와 휴일에 도서관이나 집근처 서점에서 책을 읽을 때는 책 속에 빠진다. 책에서 말하는 저자의 생각을 읽고 지금 내 마음의 상태에 따라 책을 고른다. 어떤 날은 에세이가 끌릴 것이고 어떤 날은 고전이, 어떤 날은 자기계발의 그런 책들이 말을 걸기 시작할 것이다. 지금 내 마음 상태에 따라 고르는 책도 다를 것이고 현재의 책들이 내 삶을 대변해줄 것이다.

40대 중년 어린소녀의 감성으로 드라마에 푹 빠져 JTBC 드라마 〈밥 잘 사 주는 예쁜 누나〉에 나오는 연하 남친의 심쿵 멘트에 흐뭇해하고 가슴이 심쿵하고 야릇한 연애감정을 느껴보기도 하고 그럴 때 아이 셋 엄마라도 쿵쿵 가슴이 설렌다. 그럴 때는 사랑이야기가 나오는 책들이 떠오른다. 파멜라 드러커맨의 『맙소사, 마흔』이라는 책이다. 내가 좋아하는 부산 기장의 한 서점에서 책을 고르다 우연히 접하게 된 책이다. 우리나라 여성들의 가치관과 부부에 대한 이야기가 신선한 이야기들이 새롭다. 세계의 다양한 사람들이 한국사람들처럼 사고하지 않고 부부가 성에 있어서도 되게 개방적이구나 싶었다.

내 나이 이제 마흔 중반이다. 이 나이는 결혼도 해봤고 애기도 낳아봤고 사람과 일과 사회에서 어느 정도 경험한 나이이다. 그때 만난 책 중에 나에게는 굉장히 신선했다. 책에서 작가가 나에게 말하듯 이야기를 해주는 것 같다.

"나는 예쁘장하게 앉아서 사람들이 나를 발견하기를 기다리는 대신, 내가 원하는 게 뭔지를 스스로 결정하고 그것을 손에 넣기 위해 움직이는 사람이다."

내가 프랑스 여자들의 사고방식을 사랑하는 이유이다. 삶의 철학을 오로지 내가 결정한다는 것이다. 중년이라면 현재 느끼는 고민을 꼼꼼하게 분석하고 생각하게 만들어준 책이다. 나도 모르는 새 '중년'이라는 꼬리표가 붙고, 아이들의 부모로, 아내 혹은 남편으로, 책임자로서 살아가는 삶에 익숙해졌다. 누구도 삶이 이렇게 비루한 것이라고는 일러주지 않았고, 앞으로 어떻게 살아가야 할지에 대해서도 정답을 알려주지 않았다. 인간관계는 나아질 기미가 없고, 일과 사랑에서는 여전히 헤매는 중이며, 누군가를 돌보는 일은 항상 힘에 부치고, 그 어느 때보다 진정한 친구가 간절하며, 부부생활에도 변화가 필요해 보인다. 무엇보다 나 자신을 사랑할 줄 아는, 지혜롭고 성숙한 "진짜 어른이 되는 법"을 알 수는 없는 걸까? 40대라면 공감할 내용, 특히 중년을 살고 있는 우리네 현실의 내 모습이며 나이 들어가는 여자인 나를 돌아보게 한다.

그 시기에 방황과 갈등이 휘몰아치는 순간이 올 것이기 때문이다. 왜나는 앞으로 더 잘난 여자가 되고 싶으니까 말이다. 자기를 진정 사랑하고 내 삶을 사랑하고 나의 미래를 사랑하기에 현재를 고민하는 이 작가의 가치관이 내게 따뜻하게 말을 건네주는 것 같았다. 그래 너도 지금 딱 내 나이를 지나가고 있구나, 그럼 내가 고민하고 있는 것을 너도 지금 겪고 있구나 라고 말이다. 노인들이 가장 돌아가고 싶은 시기인 40대 자기 자신을 잘 파악하고 새로운 일을 시작하기에 딱 좋은, 인생의 황금기에 관한 탁월한 탐구에 대한 깊은 공감을 보낸다. 마흔은 두려운 나이다. 마흔에 우리는 비로소 우리 자신이 된다고 말한다. 그렇게 나는 또 한 권의 책을 통해 성장하고 있다.

내가 인생의 멘토로 따르는 김미경 저자가 추천해준 『허즈번드 시크 릿』이라는 소설책이 있다. 조금 두꺼운 책인데도 소설책이라 긴박하게 읽어 내려가는 재미가 쏠쏠하다. 추리소설만의 장점인 뭔가 계속 이어 지는 듯한 내용이 재밌다. 나는 이 책을 보고 우리에게 일어나는 사건 사 고가 어느 것 하나 단순한 것이 없다는 것을 느꼈다. 책 서두에 시작하는 짧고 굵직한 명언 '실수는 사람의 영역이고, 용서는 신의 영역이다.'라는 문장이 인상 깊었다. 같이 사는 부부라도 내가 그 사람의 모든 것을 다 알지 못하듯이 각자 영역의 비밀과 그 비밀스런 이야기 속으로 빠져들기 좋은 책이었다. 소설의 세계는 현실에서 일어날 수 없는 이야기지만 그 런 일이 일어났으면 하는 그런 내용들을 만들 수가 있는 장점이 있다.

『나미야 잡화점의 기적』이라는 가게에서의 선물이 과거로 이어지는 소 설책 또한 굉장히 흥미진진했다. 몸을 피해 잡화점에 숨어 들어온 3인조 좀도둑과 과거의 사람들과 편지를 주고받는 내용이 실로 흥미진진하다. 편지를 주제로 하는 영화가 많은 것처럼 이 책 내용도 일어날 수 있는 내 용들을 알차게 구성하여 내 마음을 이끌고 있다. 내가 책을 읽을 때의 기 분은 중요하다. 내가 지금 고민하고 있는 생각들이 책 제목들을 보면서 위로 받았으며 그 책들이 나에게 용기와 위로의 말들을 해준다.

실용서를 읽을 때는 내가 성장하기 위한 시간이며 소설이나 공상 소설 모험을 읽을 때는 집중력을 요구할 때 바짝 집중해서 읽는다. 책들은 내가 필요할 때 적재적소에 많은 공감을 준다. 글배우 글이 나에게 깊이 다가오는 것은 내가 지금 그것을 끌어당기기 위함이니라. 내가 살아온 인생을 뒤돌아보고 이제는 내가 그렇게 살고 싶지 않다고 말한다. 책의 한 구절이 내 가슴에 꽂힌다. 어쩜 내 마음을 정확히 표현해냈을까.

"타인의 시선을 의식해 힘든 나에게….
타인의 시선을 많이 의식하는 이유는 과거에 부모님의 눈치나 시선을 많이 의식하며 자라왔거나 (중략) 타인에게 잘 보여야만 사랑 받을 수 있다는 생각에 타인의 시선을 지나치게 많이 의식하며 살아갑니다. 그래서 외롭고 힘듭니다."(『타인의 시선을 의식해 힘든 나에게』 중에서)

외롭고 많이 힘들었다. 부모가 있어도 외로웠고 내가 힘들다고 내 속을 말할 사람이 없어 힘들었다. 내가 인생 중반을 돌아봤을 때 기억나는 나의 과거는 오로지 일만 하는 인생이었고 지금도 그렇게 일만 부여잡고 있다. 그래서 내가 지금 깨닫는 것은 나는 일만하는 엄마의 인생의 알고리즘처럼 나도 엄마 인생처럼 일만 하고 있다. 엄마가 항상 일 때문에 바빴기 때문이다. 나는 그래서 엄마의 사랑을 얻는 방법으로 어릴 때부터 일을 해서 돈을 벌어 엄마가 좋아하는 것을 해줘야겠다고 생각했다.

내가 그토록 일에 집착했던 것은 엄마의 사랑을 받고 싶었던 거구나라고 이제서야 내 안의 나를 보며 깨닫는다.

어떤 일을 할 때 최대한 효율적으로 일을 하고자 했다. 회사에 컴퓨터를 들고 가기위해 박스가 필요하다. 그럼 재활용품 모아놓는 곳에 가서 박스 하나를 가지고 와야지 하고 생각을 한다. 그냥 가지 않고 집에 버릴 쓰레기가 있으면 들고 간다. 갈 때 빈손으로 가는 것 보다 갈 때 이왕 버려야 되는 쓰레기를 먼저 처리하고 나는 필요한 박스 하나를 가지고 온다. 또한 아이들이 많다 보니 집안일이 넘쳐난다. 설거지를 할 때 핸드폰으로 좋은 유튜브 강의를 들으면서 일을 하고, 빨래를 갤 때도 손은 일하고 내 귀는 계속해서 뭔가를 하고 있다. 내 삶은 항상 그랬다. 시간을 최대한 효율적으로 사용을 하고 원하는 결과를 내는 그런 일들을 하고자 했다. 이렇게 24시간 나의 시간 속에 책 읽는 시간을 의식적으로 나는 늘 하려고 했다.

내가 일을 하지 않고 유일하게 생산적으로 시간을 활용할 수 있는 시간은 책 읽는 시간이었다. 외로운 삶에 책 속의 친구들이 나를 위로해주었다. 오늘 힘들었지? 그래 나도 그랬어. 다 그런 거야. 지나갈 거야. 아니면 더 성장하고 싶었어. 그럼 어떤 것을 더 배워볼래? 네가 지금 하고자 하는 것이 무엇이야? 조금 더 성장하려면 한가하게 쉴 시간이 없어 라고 한다. 그렇게 일과 책과 함께해온 나의 삶은 버릴 게 없는 삶이었다. 일을 해서 생계를 유지하는 사회에서의 힘을 얻었고 또한 자유 시간마다 나는 가까운 서점이나 도서관을 다니며 내가 위로받은 책들로 나의 자유 시간을 보내었다. 그러한 시간들이 나의 삶의 성장과 풍요를 가져다주고 있다. 그게 물질적인 풍요이든 마음에서의 풍요이든 지금 이 순간 책을 쓰는 작가라는 내 삶에서 책은 언제나 든든한 동반자이다.

08

어느새 책은 나에게 전부가 되었다

혼자서 하는 게 뭐든지 익숙한 아이다. 누구한테 내 마음을 속 시원히 표현한 적이 없었다. 말할 사람도 없었고 들어줄 부모도 없었다. 내가 내 마음을 속 시원히 말하려면 다시 한 번 마음을 다 잡고 용기를 내야 하는 이유이다. 무엇이 문제였을까? 다시 한 번 생각을 해보자. 내가 바라보고 살아가고 있는 현실에서 정작 답을 주는 사람은 아무도 없다. 오로지 나만 그 답을 알 수 있고 내릴 수 있다. 혼자 뭐든 결정을 해야 하는 현실에서 나에게 위로와 힘을 준 것은 단연코 책이었다. 책은 내가 힘들 때나 외로울 때나 책이 언제나 나에게 말을 건네준다. 그 책 속의 글이 나에게 힘과 용기와 공감을 준다. 책을 읽을 때는 그 속에 빠져서 힘듦을 잊을 수 있고 슬픔도 있을 수 있고 나 또한 그러했으니 너도 할 수 있다고 말을 건네준다. 책을 사랑하는 것은 나에게 필요한 역량을 충분히 끌어내게 용기와 힘을 준다는 것이다.

세상을 살아가면서 책을 한 권도 읽지 않고 사는 사람도 많고 그렇게 살아가는 삶도 결코 틀렸다고 결론 내릴 수 없다. 다만 그렇게 힘들 때나 도움이 필요할 때 우리는 누군가 나의 이야기를 들어줄 사람을 찾을 것이고 그렇게 해주는 사람이 없기에 나는 책을 통해서 위안을 받았다. 도스토옙스키가 말하지 않았던가!

" '한 인간의 존재를 결정짓는 것은 그가 읽은 책과 그가 쓴 글이다.' 책을 읽는다는 것은 인생이 완전하게 바뀔 수 있는 가능성의 문을 열어젖히는 것과 다름없다. 인생이 바뀌기 위해서는 한두 권의 책이 아니라 수많은 책이 필요하고 한두 시간의 독서 시간이 아니라 그보다 훨씬 더 많은 독서시간이 필요하다." -김병완, 『삶을 바꾸는 기적의 독讀한 습관』

우리에게 매일 주어지는 24간의 시간 속에 내가 발전하는 시간을 채워야 하는 이유이다. 꼭 몇 분 몇 초라도 책을 의식적으로 읽는 습관을 들이는 것이 무엇보다 중요한 이유이다. 작고 사소한 양이 매일 모여서 태산을 이루기 때문이다. 작고 사소한 것을 무시하는 사람들은 절대 태산과 같은 독서와 양을 성취하지 못한다. 티끌모아 태산을 이루는 법이기 때문이다.

내가 하는 일과 그동안 해왔던 무수한 일들은 서비스업이었다. 사람들과 대면하고 아니면 귀로 상담하고 모든 게 사람과의 관계로 이루어지는 일에서 나는 크고 작은 상처를 받아왔다. 이 일을 20년 이상을 해오고 있으니 말이다. 누구나 세상 살아오면서 엄청나게 상처를 받고 세상만사가 다 안 될 때가 있을 것이다. 요즘 같은 코로나 세상 직장에서는 실적에 쫓겨 매일매일 하루하루 버텨내기도 힘든 상황이다. 미래가 불투명하고, 자신의 인생이 심하게 흔들리며, 어떤 삶을 살아야 할지조차 눈에 보이지 않을 때가 있을 것이다. 그때 당신이 가장 집중해서 해야 할 것이 있다면 독서이다. 진짜 내 안의 깊은 깨달음과 앎의 독서는 자신의 길이 무엇인지, 어떤 삶을 살아가야 할지를 진정으로 알게 되기 때문이다. 독서를 함에 있어서 직업이 무엇인가는 전혀 상관이 없다. 중요한 것은 독서를 하지 않으면 그 일을 좀 더 잘 할 수 있는 좋은 환경을 스스로 포기하게 되는 것과 다름없다는 사실이다.

직장이 답이 아니라 생각하면서 변화해온 사람들 중에는 작가 김병완 작가가 있다. 삼성전자에서 10년 이상 연구원으로 직장생활을 하던 어느 날 직장인의 삶이 지는 낙엽과 같다는 깨달음에 직장을 포기하고 3년 동안 도서관에서 거의 살다시피 하며 책만 읽었다. 어느새 글을 읽다 깨달은 글쓰기의 즐거움 덕분에 작가라는 호칭을 얻게 되었다. 독서할 때가 제일 행복하고 즐겁고 신난다고 이야기하시는 작가님이시다. 지금 그때의 깨달음 덕분으로 책 쓰기 독서학교를 운영하며 자기가 좋아하는 일을 하며 인생을 펼치고 있다.

또한 깊은 독서로 삶을 바꾸신 분들은 우리 주변에 책들에서 많이 볼 수 있다.

현대경영학의 창시자인 피터 드러커가 독서를 미친 듯이 하지 않았다면 평범한 은행원으로 살았을 것이고, 세계적인 미래학자 앨빈 토플러가 독서를 미친 듯이 하지 않았다면 평생을 부두의 노동자로 살았을 것이다. 현대그룹의 정주영 회장이 미친 듯이 독서를 하지 않았다면 여전히 노동자로 살고 있었을 것이다. 데일 카네기가 미친 듯이 독서를 하지 않았다면 평생 구두나 닦으며 살았을 것이다. 이렇게 독서는 한 개인을 위대하게 바꾸어놓았다. 당신이 미친 듯한 독서를 반드시 해야 하는 이유는 독서는 인생을 바꾸는 가장 강력한 힘을 가지고 있는 마법이기 때문이다.

내가 치열한 사회생활을 해오면서 늘 책을 가까이 한 것은 이러한 독서의 힘을 알고 있었기 때문이다. 20대 버스 안에서, 사회 생활하는 출퇴근 지하철 안에서, 일을 하면서 쉬는 시간이나 일할 때 짬짬이 고객이 없었던 백화점 모퉁이 캐셔를 하면서 휴일에는 도서관이나 일을 마치고 책방을 가고 집에서도 나만의 서재에서 책을 읽고 쓰고 항상 함께하는 이유이다.

독서를 미친 듯이 한 사람들은 말한다. 하나같이 독서를 통해서 삶이 나아졌다고 말이다. 그러면 구체적으로 어떻게 달라졌는지 한 번 살펴보자. 인생이 달라진다. 평범한 직장인에 더 이상 머물 수 없게 된다. 강사나 1인 기업가로 살아가게 된다. 작가로도 쉽게 변신할 수 있다. 새로운 미래를 스스로 선택해서 만들어갈 수 있다. 사회적으로 인정받고 존경받게 된다. 무엇보다 찌질한 인생에서 벗어날 수 있게 된다.

블레즈 파스칼의 말에서 우리는 좋은 교훈을 다시 얻을 수 있게 된다.

"어제의 생각이 오늘의 당신을 만들고, 오늘의 생각이 내일의 당신을 만든다."

내가 지금 생각하고 있는 것은 나의 삶의 통찰력이다. 그리고 더 큰 미래를 위한 나의 생각들이 현재를 이끌고 나의 미래를 끌어가고 있다. 내가 읽은 책이 좋아서 그 사람에게 필요할 것 같으면 선물을 했었다. 나는 나로 인해 사람들이 행복해지기를 바랐다. 왜냐하면 나는 그런 사랑을 못 받아서 그리고 너무 못 먹어서 어떤 음식을 살 때도 항상 넉넉히 샀던 것 같다. 왜 모자란 것 보다 넘침이 더 좋기 때문이기도 하고 먹을 것이 없었던 가난한 삶이 싫어 먹고 싶거나 같이 나누고자 할 때는 항상 풍족한 것이 좋았다. 어린 날 누가 먹을까 봐 장농 안에서 음식을 몰래 먹었던 것이 떠오른다. 떳떳이 먹을 수도 있었을 텐데 말이다.

왜 나는 그렇게 남 눈치를 보며 살아야 했을까? 모든 게 나의 어린 시절 나에게 나를 사랑할 수 있는 힘과 사랑을 주지 못한 가냘프고 어린 나에게 이제는 위로의 말을 건넨다. 너는 충분히 사랑을 받을 만큼 예쁘고 멋진 여자라고 말이다. 부모가 가난하고 없는 형편에 딸로 태어나 너를 그렇게 키우지 못한 너의 인생을 이제는 책을 쓰면서 위로를 건네준다. 그렇다 책은 나에게 위로와 격려와 이제는 나를 사랑하는 힘을 준다. 조금 더 손을 내밀면 닿을 듯 애달프던 사랑이 이제는 죽음만큼 힘든 내 삶에 책이 힘과 용기를 주고 내 안에서 나를 이끌 힘을 주고 있다.

사람보다 책에서 위안를 받았다. 책은 거짓이 없다. 꾸밈이 없다. 그냥 내가 홀리듯 제목과 책의 내용으로 빠져 있으면 나는 이미 위로를 받고 있었다. 삶의 도피처 듯이 피신하기에는 소설책에서 푹 빠져 있으면 책 속의 주인공이 되어 나는 나의 현실에서의 삶을 잊을 수 있었고 때로는 내 꿈을 위해 필요한 도전정신이 필요할 때는 책 속의 인물들이 이미 한

번 해봤으니 너도 한번 해봐 하고 손짓을 한다. 그렇게 나는 버텨내고 또 버텨내고 있었다. 사랑을 그렇게 간절히 원했던 아이는 사람과의 관계에서 상처받기 싫어 오로지 함께 하는 사람에게 나를 던진다. 그리고는 자기가 준 사랑에 자기가 아파한다. 남에게 나를 모두 줄 것이 아니라 나에게 그 사랑을 더 줬으면 그렇게 아프지 않았을 텐데 말이다.

책은 학업을 할 때도 그렇고 사회생활을 할 때도 그렇고 나에게 전부가 되고 있다. 왜냐하면 나는 책 속의 위인들처럼 똑똑하지 않고, 삶의 통찰력이 크지 않아서, 내가 배움에 목말라서 그렇게 책을 사랑하는 것이 이제는 내가 책을 씀으로써 또한 내 안의 힘을 키우고 있기 때문이다. 책이 있었기에 버틸 수 있는 나날들이었다. 20대에 서울로 지원할 때 그 열정은 독서를 통해 내안의 도전을 심어주었고 일의 결과를 냈으며 또한 성과도 이루었다. 20대의 서울 살이에서 모처럼 휴일 아침이 떠오른다. 서울역 근처에서 자취하며 남산근처의 도서관에서 책을 봤던 나날들이 있었다. 지금도 어느새 40대 중반 결혼을 하고 아이를 낳고 일을 하면서도 집근처 도서관을 간다. 내가 정녕코 책을 사랑하기에 가능한 것이다.

고3 때 혼자 독서실에서 공부하고 새벽 한두 시에 통학버스가 집근처까지 내려주지 않아서 무서웠던 밤의 길목에서 열심히 뛰었던 그 밤들이 있었다. 학업을 위한 공부였든 사회에서 나를 위한 공부였든 나는 책을 지금까지 놓지 않았다. 그리고 책은 언제나 내 삶의 일부분이 되어주고 있다. 생계의 일을 계속해서 하고 있는 나는 그 서러움과 어려움을 책을 통해서 위로를 받았다. 지금도 내가 일을 하면서 고객들의 칼날 같은 말들과 상처 주는 말들을 내가 견딜 수 있는 힘은 책과 함께하기에 버텨 낼 수 있는 것 같다. 사람에게서 받은 상처는 또한 사람에게서 위로를 받고 회복되고 또한 그 사람의 역할을 대신해서 해줄 수 없을 때는 나는 책을 통해 위로를 받고 치유를 받고 긍정적으로 나아갈 수 있었던 것 같다.

3장

독서로 나는 전혀 다른 사람이 되었다

독서로 나는 전혀 다른 사람이 되었다

'행복한 삶의 비결은 좋아하는 일을 하는 것이 아니라, 지금 하는 일을 좋아하는 것입니다.' 혜광스님의 말이다. 내가 늘 내가 좋아하는 것이 무엇인지 내 안을 돌아볼 때 늘 질문하는 것이다. 내가 무엇을 하고 싶어 하는가? 내가 진정 행복을 느끼는 일은 무엇인가? 말이다. 이번 해는 1월부터 참 힘들었던 것 같다. 그동안 잘 다니던 회사가 CJ에서 LG로 합병이 되었다. 우리네 일반 직장인들은 또다시 환경이 바뀌었다. 사람은 변화를 싫어한다. 왜냐하면 새로운 환경에 적응하는 게 싫고 늘 하던 것을 선호하기 때문이다. 그러나 성장과 발전을 하려면 변화에 적응을 잘해야 된다. 우리네 일반 직장인들은 말이다. 회사 문화가 바뀌고 일하는 업무 스타일도 바뀌고 모든 게 변화였다. 참 힘들었던 5개월이었다. 10년간의 기존방식에 젖어 있는 회사문화가 바뀌는 것이다. 우리가 늘 익숙한 것에 편한 것처럼 새로움은 늘 복잡하고 귀찮게 느껴진다. 그러나 변화를 해야만 한다. 모든 회사는 이윤 추구를 목적으로 하는 영리단체이기 때문이다. 기업문화가 추구하는 사내문화가 다 틀리듯이 말이다. 내가 롯데, CJ, LG 그래도 국내에서 내로라하는 대기업의 문화를 다 겪어본 바로는 그렇다.

지금이 6월, 어느새 여름의 초입이다. 매일 하는 것이 나를 말해주고 오늘을 말해주고 현재의 나를 말해준다. 사회생활 24년 동안 참 많은 이력서를 쓰고 면접보고 취업하고 일하고 또 도전하고 수없이 변화에 적응하며 살아왔다. 갑자기 끈질긴 바퀴벌레가 떠오르는 것은 우리네 인간과 오랫동안 함께 살아오면서 환경에 적응을 무척 잘하는 끈질긴 종이기 때문일 것이다. 옛 공룡이나 다른 생물과 식물들이 수많은 세월을 겪으면서 사라졌지만 끈질긴 바퀴벌레는 자기의 종속을 유지하고 있다. 성공해서 오래 하는 것이 아니고 오래 하는 사람이 성공한다는 말이 떠오른다. 뭐든 세월에 장사가 없고 매일매일 꾸준하게 하는 힘을 가진 사람은 늘 성장하게 되어 있다. 그렇게 자기계발을 하는 사람이 다른 사람들보다 한 발짝 앞선 생각으로 나아가고 있기 때문이다.

독서를 하는 것은 내 삶의 돌파구였다. 내가 힘들 때 나에게 책 속의 위인들과 많은 작가님들의 소중한 경험과 좋은 말들로 나를 위로해주었다. 이제는 책이 나의 의식을 바꾸고 있다. 그동안 살아왔던 나의 가난했던 의식들이 아니라고 한다. 어려서부터 절약하고 가난한 살림에 아이 셋을 건사하고 먹이기 위해 엄마는 늘 아끼고 절약하는 것에 맞추고 살았다. 대부분 가난한 환경의 사람들은 그럴 것이다. 풍요롭게 쓸 여력도 없고 절약밖에 할 수 없기 때문이다. 지금도 우리 엄마는 내가 참외를 깎을 때도 껍질을 조그만 더 베면 뭐 그리 껍질을 두껍게 깎느냐고 잔소리를 하신다.

내가 지금 중년이 되어서야 나를 돌아보니 엄마의 칭찬보다 나를 보고 가르치는 그런 잔소리들이 나를 주눅들게 했던 것 같다. 내가 조금 많이 먹어서 조금 살이 붙으면 "저 엉덩이 봐라." 하고 엄마는 나에게 바로 직설적으로 말을 했다. 엄마는 중학교만 나와서 배운 게 없어도 생활력과 부지런함, 강한 모성애 등을 가졌다. 하지만 자식에게 하는 말들이 아이의 자존감을 살리는 것보다 알게 모르게 주눅들게 만들었다는 것을 지금에야 느낀다.

내가 무심코 똑같이 아이들에게 하는 말들에서 아이들이 '엄마 화내지 마, 짜증 내면서 말하지 마.'라고 하는 것처럼 말이다. 곰곰이 생각해보면 내가 일하고 와서 피곤하니까 내 말속에도 그 감정들이 담겨 있다. 엄마도 그 힘듦의 세월들이 엄마의 말에서 나왔던 것이다. 결론은 환경의 영향이 크다는 것이다.

그러나 『부자의 사고 빈자의 사고』 이구치 아키라저자의 책을 보면 부자는 사고부터가 다르다. 저자는 중·고등학교 때 집단 따돌림을 당하고 다섯 번이나 전학을 하며 인생에 절망하는 시절이 있었고, 현실과 인간관계에서 도망치기 위해 뉴욕으로 유학을 갔으나 그곳에서도 실패하고 취직활동은 하지 않고 니트족으로 지내다가 어렵게 영어 강연회를 시작했지만 사업파트너에게 사기를 당하는 등 갖가지 고난을 겪는다. 하지만 마침내 극복해 일과 인간관계, 돈, 라이프 스타일 전반에 걸쳐서 자유로운 삶을 얻었다. 그것은 가난한 사고가 아닌 "부자의 사고 방식"을 갖추었기 때문에 부자가 된 것이나 다름이 없다고 한다.

내가 지금까지 수많은 책을 읽었지만 내가 가지고 있는 생각을 한 번에 바꿔주는 책이 나에게 내 삶의 방향을 정해주었다. 나는 아이가 셋이다. 평범한 맞벌이로 불편함 없이 아이를 낳고 그동안 잘 살아왔다. 그러나 아이가 성장을 하고 이제는 아이도 자기의 꿈이 생기고 자기의 미래를 위한 도전을 한다고 한다. 마땅히 부모라면 아이가 원하는 것을 최대한 지원을 해줘야 되지 않을까?

40대 중반, 내 삶의 과도기였고 우리 아이와 우리 가정, 여러모로 참 힘든 나날이었다. 그동안 내 가정의 가계부를 책임지고 기록하며 더 이상 평범한 월급생활로 아이 셋을 기르고 아이의 꿈인 야구선수를 지원하기에는 빠듯하다. 나는 그때부터 어떻게 해야 할까? 고민을 했다. 가계부를 적어보면 알 것이다. 내가 결혼 후 14년 동안 매일매일 챙기지는 않아도 우리 가정에 들어오는 돈이 얼마이며 나가는 돈이 얼마인지 정확히 알고 있다. 불필요하게 지출되는 돈이 없는지 꼼꼼하게 따져보아야 한다. 보험을 정리했고, 집안의 아이의 돌 반지, 팔찌 그리고 결혼반지 돈 되는 것은 다 정리했다. 그리고 투자를 결심하고 부동산을 1도 모르지만 그때의 절실함으로 경매를 낙찰 받았다. 내가 현실에서 할 수 있는 최선의 결과로 성과를 내야 한다.

어릴 적 돈에 대한 나의 마인드는 절약이었다. 그러나 이 책을 읽다 보면 절약만이 부자로 가는 길은 아니라고 한다. 아끼는 것에 늘 맞추고 살았다. 그러니 내 삶에 계속해서 돈이 없다. 매일 아이들이 나보고 돈을 달라고 하니 돈이 계속해서 없다. 내 마인도 없다. 그러나 부자들이 생각하는 '있음'에 맞추는 부자들의 사고법의 책을 읽고 내 생각이 바뀌기 시작했다. 자본주의 돈은 원래 가치의 흐름을 알아야 하며 내가 이 세상의 돈은 무한하다고 생각을 하고 돈을 알기 시작하면서 내가 생각하는 가난한 마인드를 바꾸기 시작했다. 내 스스로가 내 어릴 적 부모의 영향, 환경의 영향으로 단절된 나의 생각으로 나에게 들어오는 돈의 흐름을 막고 있었다고 말이다. 지금도 여전히 맞벌이 일을 하고 육아를 하지만 나는 지금 이 시간들이 행복하다. 내가 더 이상 가난을 선택을 하지 않았고 이제는 있음에 만족하는 부자의 사고를 가졌으니까 말이다.

책은 나에게 위로와 안식과 고요를 주었다. 이제는 내게 내 인생의 여유를 가지고 돈에 대한 의식의 변화를 주고 있다. 사람은 몸과 마음이 건강해야 한다. 마음의 힘듦이 내 정신을 지배하듯 좋은 생각이 건강한 내 몸을 지탱하고 건강한 체력이 나의 좋은 생각을 유지 시켜준다. 그래서 우리는 매일 실행의 힘이 중요함을 안다. 지금 하는 일은 내가 사회에서 무수히 했던 일들 중 10번째이다. 대학 휴학 후 시작한 음식점 서빙 아르바이트, 중소기업 세이브맥스 유통점 오픈 멤버, 롯데마트 고객센터 5년 오픈 조장, 부산대학교 부설어린이집 보조교사, KT 아웃소싱, 롯데카드 인바운드 상담, 마트 시식 행사 요원, 한국 갤럽 설문지 조사, 롯데 백화점 광복점 오픈 캐셔, CJ텔레닉스 10년. 현재 엘지 CV파트너스 상담사이다. 일을 쫓아서 살아왔다. 항상 그 일에서 최선의 결과를 냈다. 내가 내 스스로 미래에 대한 불안으로 그 일을 붙잡고 있었다. 돈을 벌지 않으면 안 되었던 나의 어릴 적 생계의 힘듦이 나를 강하게 이끌어주었다. 내 안의 나와 무수히 대화를 한다. 그리고 성찰을 한다. 내가 지금 하고 있는 행동과 생각이 올바른 생각인지 말이다.

그동안 책을 사랑했다. 독서를 좋아했다. 나보다 조금 더 나은 책속의 작가님들이 나에게 말을 건넨다. 치열하게 살아온 인생의 여정에서 이제는 너만의 모습으로 인생 2막을 준비하라고 말이다. 가난한 마인드를 버리고 부자의 사고로 통찰력 있게 삶을 바라보고 내 인생을 바라보고 이제는 있음으로 너의 풍요로운 나의 미래를 준비하라고 말이다. 변화하는 환경 속에 그동안 적응을 잘하며 잘 살아왔듯이 또다시 펼쳐질 나의 눈부신 미래 앞에 나는 독서의 힘으로 나에게 계속해서 말을 걸 것이다. 이제는 어설프게 바뀌는 게 아니라 너의 마인드를 통으로 손바닥 뒤집듯 바꿔버리라고 말이다.

02

나만의 개성으로 승부하라

누구나 동일한 행동 동일한 사고방식으로 살아가는 세상이 아니다. 세상은 변하고 있다. 코로나 이후 세상은 더 변화되고 있다. 사람과 사람이 같이 사는 세상에 같이 모이지 못하는 아이러니한 현실에서, 사람과의 소통을 해결할 수 있는 대안으로 온라인 시대가 펼쳐지고 있다. 세상은 변화하고 있다는 것이다. 그럼 우리는 기존의 사고로 더 이상 현재를 살아내기가 힘들다. 주변에 오프라인으로 곳곳에 보이는 점포들이 임대라고 적혀 있다. 빈 공간도 날이 갈수록 늘어가고 있다. 확실히 세상이 변하고 있다. 기존의 사고로 살아가기가 힘들다. 변화를 해야 한다는 것이다. 기존의 낡은 사고로는 안 된다는 것이다. 하지만 나 또한 기존의 직장인의 사고로 살아왔고 또한 기존의 회사 문화로 익숙해져 있다.

최근 이번 해부터 내가 다니던 회사가 새로운 자회사로 합병이 되었다. 기존 CJ문화에서 LG로 기업문화가 변화를 하면서 회사 내 사람들은 또 한 번 변화를 겪고 있고 또 변화를 계속해서 하고 있다. 그게 회사의 문화라는 것이다. 변화를 싫어하는 우리 일반 사람들은 알 것이다. 현재의 익숙함에 빠져 있는 사람들은 새로운 사고를 받아들이지 않는다. 변화를 싫어한다는 것이다. 지금도 계속해서 변화를 하고 있지만 고인물이 그렇듯이 새 물로 자주자주 갈아주어야 희석이 된다. 지금 우리 회사가 딱 그렇다. 기존에 젖어 있던 회사의 사고방식을 새로운 시스템으로 바꾸고 새로운 사람들로 계속해서 변화를 하고 있다. 회사는 성과를 우선으로 한다. 실력 있는 직원들에게 더 많은 혜택을 주어 회사 내에서 더 많은 실력을 내게끔 한다. 변화를 싫어하거나 따라오지 못하는 직원들은 도태되거나 회사 내에서는 어떤 결정을 내릴 수밖에 없다.

내가 남들보다 잘하는 게 무엇인가를 고민해보자. 이제는 남보다 잘하는 것을 넘어서 아예 튀거나 독특하거나 새롭고 끌리는 자기만의 개성이 필요하다. 우리가 예쁘고 새로운 것이 끌리듯이 말이다. 나는 서점에 가서 책을 보는 것을 좋아한다. 세계 어느 서점이든, 전국 어느 서점이든 전부 다르다. 내가 해외여행을 할 때 마다 서점에 가고 전국에 있는 여러 서점을 돌아다녔지만 각 서점만의 독특한 개성이 있다. 자기만이 개성이 있어야 한다는 것이다. 일본의 서점과 대만의 서점, 블라디보스토크의 서점 등등 해외 여러 나라들의 서점은 그 나라의 문화를 알 수도 있고 책을 대하는 그 나라 사람들의 의식 수준도 알 수 있다.

내가 좋아하는 서점은 이야기가 있는 서점이다. 우리나라의 상업적인 대형서점은 전국에 어느 곳에서든 서점을 가고 싶으면 갈 수 있다는 장점이 있지만 획일적이고 판에 박힌 인테리어와 베스트셀러만 있을 뿐 그 안에 자기만의 색깔이 없다. 내가 말하는 서점은 독립서점이다. 나는 여행을 갈 때도 서점을 계획해서 갈만큼 책을 좋아한다. 일하는 시간 말고는 주로 서점이나 도서관에 가고 집에 혼자 있을 때나 지하철을 탈 때도 무료히 보내는 시간은 항상 책이 있었다. 그게 나의 힘이었고 친구였다. 최근에 간 경주의 '어서어서'란 서점이 마음에 들었다. 조그만 한 칸짜리 방처럼 옹기종기 있지만 주인장이 말하고자 하는 자기만의 색깔로 이야기를 하고 있었다. 책을 선택하는 당신은 그 분위기에 이끌려 책을 집어들 것이고 책 제목들이 나에게 말을 걸 것이다.

『늘 다정한 사람, 정작 내 마음은 돌보지 못하는 미련한 나에게』 오늘은 이 책이 나에게 말을 건다. 꼭 전승환 님께서 나한테 하는 말 같은 책이다. 유독 샛노란 색이 끌린다.

"솔직해지세요. 남들에게 착한 사람으로 보이려고 애쓰지 마세요. 사랑과 관심을 받고 싶어, 혹은 미움 받고 싶지 않아 나를 잃어버리지는 마세요. 싫으면 싫다고, 어려울 땐 어렵다고 말하세요, 거절할 줄 아는 용기로 당신의 삶을 온전히 되찾아 가세요."

    -전승환, 『늘 다정한 사람, 정작 내 마음은 돌보지 못하는 미련한 나에게』

거절이 필요한 순간 내가 거절을 못한다면 누군가는 그것으로 나를 이용할 것이고 누군가는 더 나를 힘들게 옭아맬 것이다. 그러나 이제는 안된다. 내 안의 힘을 키우고 나를 사랑하는 힘이 강하면 그 또한 내가 결정만 하면 되리라는 것을, 이제 하기 싫다고 말하면 된다는 것을. 그동안내가 모든 사람들의 말만 잘 들어주는 일도 그렇고 나에게 타고난 내 안의 사랑은 그동안 남을 향해 있었다. 하지만 이제는 그것을 나한테 돌릴것이다. 이제는 진정 말이다. 그것이 나만의 개성을 키워가는 일이다.

그동안 오프라인에서 열심히 일만한 삶이었다. 몸을 매일 움직였고 매일 매일 직장으로 출근하는 일반인의 삶이었다. 고달팠다. 많이 힘들었다. 이제는 무엇으로 삶을 살아내야 할까? 오프라인으로 사람을 만나는 것에는 한계에 있다. 전 세계 사람들이 아니더라도 내가 있는 부산에서 서울에 있는 지인이나 친구를 직접 보러가기에는 너무나 멀다. 그러나 이제는 온라인 줌으로 통하는 세상이다. 손안에서 모든 게 이루어진다. 매일 출근 하는 지하철에서 사람들을 유심히 보면 다 똑같이 핸드폰을 한다. 그렇다 세상이 변하고 있다. 손 안에서 은행 업무, 쇼핑 업무 아이들이 하는 줌을 포함해서 모든 게 손안에서 이루어지는 온라인 세상이다. 나도 최근에 시작한 인스타로 재미있는 나날을 보내고 있다. 내가 좋아하는 책과 커피를 찾아 떠나는 여행을 직접 하기는 힘들지만 온라인에서는 마음이 맞는 사람들과 함께 공감할 수 있다. 관심사와 좋아하는 것이 같으니 재밌다. 그리고 내가 가고자하는 여행지에 이미 살고 있는 현지인의 대화에서 대리 만족도 가능하다. 내가 여행 작가로 첫 책을 내고 코로나로 세계여행의 꿈은 잠시 미뤘지만 꼭 프라하에서 한가하게 책을 보고 따뜻한 햇볕을 쬐며 커피 한잔을 마실 것이다. 내가 이전에 블라디보스토크 여행을 떠나기 전 티비에서 아르바트 거리가 예뻐서 저기에 가고 싶다고 생각한 것처럼 생각을 하면 꼭 이루어진다. 그래서 나는 내가 꿈꾸는 생각만을 할 것이다. 행복한 꿈, 행복한 상상으로 말이다.

온라인에서 자기 영역을 확장한다. 모든 사람들과 획일적인 콘텐츠 말고 조금 더 새롭게 신선하게 매력으로 다가가야 한다. 내가 꿈꾸는 것 중 하나가 북카페이다. 내가 좋아하는 책과 커피로 오로지 내가 하고 싶은 것만 하고 살 수 있는 나의 꿈이다. 내가 이전에 말씀드린 책방도 전국의 서점들만의 개성이 있듯이 나만의 독특한 매력이 필요하다. 그동안 다녔던 서점들을 비교해보자. 파주 지지향은 24시간 책을 읽을 수 있는 파주 출판단지에 있었다. 하루 연차를 내고 갈 정도로 너무 좋았다. 아이들과 꼭 한번 다시 가보고 싶은 곳이다. 하루 만에 책을 다 보기에는 시간이 빠듯해 하루 숙박하면서 책으로 온통 빠질 수 있는 곳이다. 주변 나무들과 조형물들이 예뻤다. 눈이 부시게 마음의 힐링을 얻기 위해 나는 또 달려가고 있을 것이다. 이번에는 아이들과 함께 말이다.

경의선 책거리를 두 번 간 적 있다. 한 번은 회사 동생과 가고 또 한 번은 내가 좋아하는 저자의 강연을 들으러 갔다. 책을 테마로 칸칸마다 테마가 있었다. 실외라는 공간에 간이역마다 있는 부스 같은 공간에서 책을 읽을 수 있다. 실제 기차역도 있어서 책과 기차여행을 하면서 가보기에도 꽤 괜찮다. 주변에 요즘은 책과 커피가 한 세트라 예쁜 커피집도 많다. 아트앤북은 지방에서는 없으나 수도권 책방을 주로 여행가면서 접하게 되었던 곳이다. 서점보다 예술적인 감감들이 뛰어나다. 부산의 기장 아난티는 바다와 풍광이 예쁘고 리조트와 함께 되어 있는 곳이라 힐링하러 가기 딱 좋다. 내가 좋아하는 분야별로 책을 고를 수 있다.

서울에 강의 들으러 갔다가 이전에 TV에서 강하늘 님과 유인나 님이 예쁘게 나와 끌렸던 '밤의 서점'이라는 독립서점이 떠올랐다. 누군가에게 고백이 필요한 날 서점에서 책을 고르고 책과 편지를 선물하면 직접 찾으러 오라고 연락이 간다. 얼마나 고백하고 싶었으면 고백하지 못하는 마음을 책으로 대신할까. 그 순수한 마음의 서점이 좋아서 부산에서 서울까지 갔는데 토요일이라 문을 일찍 닫았다. 밤늦게 강의 끝나고 골목골목 헤치고 핸드폰 배터리가 다되어서 편의점에서 충전하고 가는 노력 끝에 찾았는데 이런, 시간이 다 되어서 문을 닫았다고 한다. 에효… 다음에 다시 오라는 거겠지 하고 사진만 찍고 왔다.

나는 내 마음이 끌리는 서점이 좋다. 우리 집 근처 부산대학교 학교 앞의 다사랑 문고가 좋다. 부산의 서면에 동보서적은 없어졌지만 아직 영광도서는 남아 있다. 항상 책들과 함께한 날들이었다. 내가 있었고 책이 있었다. 그리고 나는 내가 좋아하는 서점으로 나는 언제든지 달려가고 있다. 그리고 이제는 그러한 서점을 만들고 싶어 한다. 내가 하나씩 버킷리스트를 만들어가듯이 말이다.

내가 좋아하는 것이 가장 좋은 것이다. 세상에 다양한 사람들이 있다. 모두 다른 사람들이고 다 똑같은 인생이 아니라는 말이다. 자기만의 개성은 가장 자기다움을 찾는 것이다. 내 안의 나와 대화를 하며 그것을 하나의 콘텐츠나 책으로 세상에 결과물로 창조가 된다. 남들이 보는 나에게 초점을 맞추지 말자. 타인의 시선에서 조금 벗어나자. 이제는 오로지 내가 하고 싶고 내가 만들고 싶은 것들로 내 삶을 만들어가자. 이제는 개성 있고 자기만의 색깔로 세상은 무수한 콘텐츠 중 제일 나은 그 사람을 끌어 들이게 된다. 그것이 이제는 나라는 사람을 세상에 알릴 기회인 것이다.

03

독서로 만난 사람들

　사람은 사람으로 성장한다. 세상에는 무수한 사람들이 있다. 한 인간이 한 번뿐인 인생을 살면서 깨달음을 배우려면 책 말고는 사람의 영향력이 크다. 그래서 우리가 주변 사람과의 관계를 어떻게 교류해야 하는지를 알아야 되는 이유이다. 내가 성장하기 위해 필요한 강의를 듣는 것은 내가 알지 못하는 지혜나 깨달음을 그 사람의 가르침과 배움으로 알 수 있다. 설령 그 사람이 하나도 배울게 없는 사람이라 할지라도 그 사람의 장점 하나는 있을 것이다. 사회생활을 하다 보면 무수한 사람을 만나게 된다. 사람과의 관계, 일과의 관계 등 모든 것이 관계 속에 일어나는 세상을 살고 있다. 태어나서 가장 먼저 만나는 가정에서 부모와의 관계, 형제자매와의 관계 그리고 사회에서 상사와의 관계까지 모든 것이 관계 속이다. 그래서 불교에서 말하는 윤회라는 것이 전생에 못 이룬 한을 이 생에서 풀 수도 있다고 하지 않는가! 그만큼 사람과의 관계가 일어나는 세상이다. 그 무수한 사람 속에 내가 한 번도 만나지 못하고 끝나는 사람도 있을 것이고 나와의 인연이 닿아서 좋은 관계를 형성하고 또한 나와 사랑하는 사이로 부부와의 인연 부모와의 인연 자식과의 인연으로 살아가고 있는 것이 아닌가!

책을 좋아해서 내가 일 외에 만나는 사람은 나와 말이 잘 통하거나 책을 좋아하는 사람들이 좋았다. 사실 나는 혼자 책보고 혼자 즐기는 사람이다. 내가 좋아하는 것을 혼자서 다 할 수 있는 아이다. 그러나 좋은 것은 함께 나누고 함께 성장하기 위해 이제는 좋아하는 것을 같이 할 수 있는 꿈맥들이 있다. 힘든 밥벌이로 일만 좇아서 살다 보니 가족 외에는 내놓을만한 친구가 없다. 그렇게 삶이 팍팍했다. 나는 한가하게 놀 시간이라고는 일하면서 잠깐 잠깐의 연차를 이용해서 회사 언니들과 친구들과 어울리는 것밖에 없었다. 그리고 결혼 후 학부모 엄마들과의 모임도 일을 하는 나로서는 같이 어울려 다니지 못하고 나와 말이 통하고 생각이 통하는 학부모나 또는 책 동무, 아이에 대한 사고가 나와 비슷한 친구와 아이 얘기를 하면서 소통을 한다. 또한 좋은 책이 있으면 추천해주면서 소통을 한다. 친구는 방과 후 아이들을 가르치면서 아이들에게 지도를 하고 이웃들과 독서 모임도 하고 그런다. 나는 책을 좋아하지만 그러고 보면 사람들과 소통을 나누며 살지를 못했다. 내 마음 한편에 그렇게 나눌 여유와 공간이 없었던 것 같다. 매일매일이 생계를 위해 돈을 벌어야 된다고 생각하고 살아서 그랬던 것 같다. 미래를 위해 내가 계속 나를 움직이라고 부추긴다. 이제는 그 불안을 조금 내려놓고 싶기도 하다. 다 내 생각에서 비롯된 나의 불안임을 알았다. 사람은 누구나 잘 살아간다. 일을 할 수도 있고 일을 안 할 수도 있다. 그러나 나는 내 현재의 힘듦을 그게 일을 해야만 하는 것 그 무언가를 하지 않으면 불안했던 것 같다. 그게 생계의 가장 위험한 일일 것이다. 내가 돈을 벌지 않으면 안 된다는 생각, 어릴 때부터 나는 아무도 나를 책임져주지 않는다는 그 생각을 계속해서 하고 살았던 것 같다.

그렇게 힘든 나날들이었지만 내가 책을 좋아하면서 성장했듯이 그런 사람들이 모여서 이제는 책을 쓰는 작가의 삶을 살고 있다. 그리고 주변에 나처럼 어렵고 힘들게 성장한 사람들이 책을 좋아하고 꾸준히 자기계발을 하고 있다. 나처럼 책으로 위로받고 또한 성장하기 위해 책을 쓰고, 책으로 독서모임을 하고 또 강연을 하고 그러면서 계속해서 성장을 하고 있는 것이다. 내가 책을 좋아하는 독자에서 저자로서 책을 쓰는 작가가 된 것도 내가 끌어당긴 것이다. 사람은 무의식 중에 알게 모르게 내가 주변에서 일어나는 모든 것이 내가 끌어당기고 있는 것이다. 또한 그 에너지가 나를 더 성장을 시키고 있다. 나는 책을 읽는 것은 좋아하지만 사실 글을 쓰는 작가라는 삶은 한 번도 꿈꿔보지 못한 삶이었다. 그러나 글을 쓰면서 글쓰기의 매력에 푹 빠졌다. 사실 우리가 살아온 인생이 한 권의 책이다. 똑같이 살아온 인생도 없고 자기만의 우여곡절이 다들 있을 것이다. 책을 쓰면서 그동안 태어나서 현재까지 자기의 일대기를 돌아보는 계기가 된다. 나이가 많으신 어른들이 달리 어른이 아닌 것은 그동안 살아온 지혜와 노하우가 대단한 이유이다.

또한 요즈음은 젊은 세대들도 자기가 관심 있어 하는 분야에 취미를 전문적으로 하는 자기만의 이야기로 다양한 책을 쓰고 있다. 내가 책 쓰기 수업을 하면서 만난 다양한 각계각층의 사람들이 그랬다. 자기만의 색깔로 함께하는 나의 꿈맥 작가님들 『당신은 어떻게 나이 들고 싶은가』의 저자 김여진 작가님은 100세 시대를 바라보는 오늘날 당신의 현재 나이를 잊고 노후에는 마음이 늙지 않는 꿈을 가지고 미래를 바라보라고 한다. 모든 것은 자기 안에 가진 내면의 힘이 내 행동을 지배하듯이 '내 나이가 어때서'라는 노래 가사말도 있듯이 시작하기에 늦은 나이가 없음을 알라고 한다. 이미 여진 작가님 책은 이미 많이 알려지고 유명도서관에 진열도 되고 이번에 전북 부안에서 직접 강연을 했다. 여행 겸 함께하는 도움을 줄 겸 같이 참여를 해서 기분 좋은 강연을 함께 듣고 나누고

왔다. 『꿈을 이루는 독서의 힘』 김영이 작가님은 나이 52세에 간호대학을 졸업한 간호사다. 그동안 살았던 인생에서 마지막으로 자기 삶에 꿈처럼 도전한 공부를 하면서 독서의 매력에 빠졌다. 『성적 올리는 방과 후 수업 200% 활용하는 비법』 박경빈 작가님 값비싼 사교육이 아닌 학교에서의 공부 후 방과 후 수업만으로도 충분히 아이들의 성적을 올릴 수 있다고 한다. 요즘 같은 개성이 다양한 아이들이 자기 꿈을 펼치고 성장하는 아이에게는 그 아이에 맞는 자기의 역량을 키워줄 수 있는 다양한 체험을 다양하게 시켜주는 것이 중요하다.

책을 쓰면서 만난 작가님들과 그동안 몰랐던 인스타나 페이스북, 블로그, 네이버 카페 모두 자기가 좋아하는 개성으로 자기의 색깔을 내는 북튜버나 작가 소설가 문인 예술인 등등 각계각층의 다양한 사람들과 소통을 한다. 모두 공통된 특징은 책을 사랑하고 책으로 성장하려는 에너지가 강하다. 나 또한 이미 책을 공저 포함 2권을 지은 작가로 세상에 나의 글을 알리고 있다. 내가 글을 쓰면서 나의 경험과 지혜가 누구에게 도움이 된다는 서평을 보면서 나 또한 힘을 받는다. 세상에 헛되고 버릴 것이 없다. 모두가 나의 콘텐츠가 되며 내가 생각지도 않은 내 안의 지혜들이 누군가에게는 힘이 되고 도움이 된다는 것 곧 그것이 내가 책을 읽는 이유이다. 이 책 제목처럼 말이다. 내가 힘들어서 읽었던 그 수많은 책들이 이제는 나에게 좋은 인연과 좋은 사람들과의 관계를 개선시키고 나의 미래의 꿈을 한 발짝 더 다가가는 역할을 하고 있다. 책을 쓰면서 지난 내 열정적이었던 20대 추억을 회상하며 그때의 나의 남달랐던 열정을 회상하고 지금의 또 다른 내안의 열정을 책을 쓰면서 뿜어내며 나를 계속해서 성장시키는 오늘을 사랑한다.

인생 1막의 레이스는 20대의 청춘, 30대의 결혼과 육아의 성숙, 이제 40대의 제2의 열정과 노련미로 책과 함께 다져온 나의 꿈을 함께하는 나의 모든 온오프라인의 꿈맥들과 성장하려 한다. 처음 시도는 힘들다. 그래서 우리가 평생 공부를 하고 책을 놓지 않아야 되는 이유이다. 내가 지금 살고 있는 오늘은 내 지난날의 내 행동과 삶에 대한 결과이다. 내가 내 삶이 힘들 때 책 한 권을 읽고 서울까지 가서 컨설팅을 받았다. 부동산과 관련한 공부라 '한국경매투자협회' 강의를 들었다. 수료 후 낙찰을 받았다. 그리고 대표님의 열정적인 지도로 경매의 한 사이클을 마무리했다. 그리고 김서진 대표님을 만나면서 그동안 책을 많이 읽었지만 부에 대한 사고를 확장하는 책을 더 접하면서 내 삶과 내 생각의 변화를 주었다.

책을 좋아해 〈한책협〉 김도사님의 책을 쓰는 과정을 배우면서 작가의 삶을 살게 되었고 그러면서 함께 꿈꾸는 꿈맥들을 만나게 되었다. 모든 게 내가 그동안 책을 20대 때부터 놓지 않고 꾸준하게 읽었던 나의 밑바탕과 자기계발에 대한 공부가 있었고 무엇보다 나는 실행을 했다는 것이다. 누군가는 책을 보며 읽는 것에만 그치는데 나는 컨설팅을 받으러 서울로 갔고 내가 배움에 필요한 가치에 투자를 했고 계속해서 실행을 하고 있다.

부자로 가는 자질 중에서 실행력이 무엇보다 중요한 이유이다. 대부분의 사람들이 생각만 하고 그치는 것에 나는 항상 그 생각을 바로 실행으로 옮기는 행동력이 있는 사람이다. 사람은 사람으로 성장하는 길이 가장 빠른 지름길이다. 왜냐하면 그 사람이 겪었던 경험을 우리는 시행착오 없이 한 번에 배우며 그 시간을 버는 것이 되는 것이다. 배움에 돈을 투자 해야 하는 이유이다. 돈을 가장 현명하게 쓰는 것은 그것의 가치에 대한 투자가 중요한 이유이다.

책으로 위로 받았다. 책을 사랑했다. 그리고 이제는 나의 인생 후반에 책을 쓰는 나는 작가의 삶이 너무 행복하다. 내가 생계의 일보다 내가 좋아하는 책을 읽고 쓰는 삶은 내 인생 후반에 나에게 주는 최고의 가치이다. 내가 좋아하는 일을 하며, 내 인생에서 여유로운 풍경을 보며, 커피 한잔을 하며, 내가 꿈꾸는 북카페에서 글을 쓰는 나의 꿈에 나는 한 발짝 다가가고 있는 것이다. 그러면서 또한 내가 독서모임의 주체가 되어 한 권의 책으로 소통하는 사람들이 있을 것이고 책 한 권으로 만난 사람들과 서로의 생각을 나눌 것이며 그렇게 나는 나의 미래를 내가 꿈꾸는 것들로 만들어가고 있는 것이다. 독서로 만난 사람들이 나에게 언제나 꿈과 희망과 용기를 줬듯이 나또한 그러한 사람이고 싶기 때문이다.

04

새로운 삶은 지금부터이다

내 나이 마흔 중반이다. 20대 치열하게 일도 해봤고, 30대 결혼도 하고 아이 셋을 낳고 잘 길렀다. 인생의 후반전이다. 아이도 어느 정도 자기 앞가림도 할 수 있다. 엄마 없이도 스스로 혼자서 할 수 있는 나이가 되었다는 것이다. 나도 이제는 생계의 일보다 내가 하고 싶은 일을 찾고 있으며 인생 후반전을 준비하고 있다. 그렇다고 너무 나만 위주로 살자가 아니라 이제 서서히 나의 제2의 인생을 위한 공부를 시작해보자는 것이다. 요즘 같은 100세 시대에 하나의 직업으로는 살지 못한다. 새롭고 더 다양한 일들이 무수히 많고 세상에는 흥미롭고 새로운 일들이 무한하며 이제는 하나의 직업으로는 노동의 한계가 있다. 그렇기에 더 많은 파이프라인을 찾아야 한다. 항상 생각한 것을 실행하는 나였다. 여느 직장인들과 똑같은 일상의 아침에서 문득 든 나의 생각이 현재의 나를 만들었다. 이런 내가 중년이 되었다. 내가 노동으로 돈을 버는 것에 한계가 있다고 생각을 하면서 행동과 삶을 바라보는 관점이 바뀌었다. 그러면서 나의 새로운 삶이 시작되었다. 그동안 20대부터 내가 좋아하던 독서가 이제는 저자의 위치가 아닌 작가의 위치로 바뀌면서 내가 생산자가 되었다.

매일 하루가 다르게 세상이 변화하고 있다. 어제도 그랬고 오늘도 그렇다. 어느 누가 그렇게 말하지 않았던가, 변화에 제일 적응 잘하는 삶이 가장 잘 살아남는 종이라고 말이다. 누구나 처음에는 관심이 가지만 오래 가지 못하는 이유는 자기가 충분히 잘해낼 만한 힘이 부족하기 때문이다. 나의 단점이자 장점은 그것이다. 한번 마음 주기가 힘들지만 한번 주고 관심가지거나 목표한 바가 있으면 끝을 본다. 그리고 계속해서 달려간다. 그게 결과를 봐야 하는 나의 삶의 모티브이기도 하다. 가난은 강한 나를 이끌었고 삶의 통찰력을 키워주웠다. 항상 책이 가까이에 있었다. 내가 도전과 열망으로 힘이 필요할 때 삶의 멘토들이 책속에서 말을 한다. 그래 이번에는 어떤 멘토들의 말들로 나를 성장 시킬까? 『지도 밖으로 행군하라』 한비야 님의 도전을 존경한다. 국제 홍보회사 버슨-마스

텔라에서 근무하다 어린 시절의 꿈을 성장시키기 위해 '걸어서 세계 일주'를 실현하기 위해 과감히 사표를 던지고 여행을 선택했던 배짱이 부러웠다. 자유롭고 거침없는 인간 한비야 님의 도전과 열정은 나에게 강한 힘을 주었다. 내가 생각하는 삶을 바라보는 관점과 생각이 비슷하다. '나는 세상이 만들어놓은 한계와 틀 안에서만 살 수가 없다. 안전하고 먹이도 거저 주고 사람들이 가끔씩 쳐다보며 예쁘다고 하는 새장 속의 삶, 경계선이 분명한 지도 안에서만 살고 싶지 않다. 나는 새장 밖으로, 지도 밖으로 나갈 것이다. 두 날개를 활짝 펴고 날아다닐 거다. 스스로 먹이를 구해야 하고 항상 위험에 노출되어 있지만, 그것은 자유를 얻기 위한 대가이자 수업료다. 기꺼이 그렇게 하겠다. 길들여지지 않는 자유를 위해서라면…. 딱 내가 추구하는 이상향이다. 인생은 한번 뿐이고 내가 살아오면서 깨달은 통찰력 누구나 죽음은 한번 뿐이다. 만일 내가 내일 죽을 것처럼 오늘을 산다면 당신은 당신 삶에 있어서 무엇을 택할 것인가? 나는 그것을 고민하면서 오늘 하루를 살아간다. 내 생각이 많아진다는 것은 오늘 주어진 오늘 하루를 어떻게 살아낼 것인가를 고민하고 있다는 것이다.

누구든지 처음은 있는 법이며, 독수리도 기는 법부터 배우지 않는가. 처음이니까 모르는 것도 많고 실수도 많겠지. 저런 초자가 어떻게 이런 현장에 왔나 하는 사람도 있을 거다. 일을 시작한지 6개월 된 나와 20년

차 베테랑을 비교하지 말자. 오늘의 나와 내일의 나만을 비교하자. 나아감이란 내가 남보다 앞서 가는 것이 아니고, 현재의 내가 과거의 나보다 앞서 나가는 데 있는 거니까. 너무나 공감되는 말로 나의 생각과 열정을 깨운다. 내가 진정 살아가고자 삶의 모티브로 꿈틀댈 때 삶의 멘토들은 언제나 강하게 나의 삶을 깨운다. 변화를 하자. 현재의 생활에서 더 나은 삶은 언제나 안주하지 않고 더 멋진 나를 찾아가는 것이다.

직장이라는 시스템 안에서의 일은 기계적인 일이다. 내가 생계를 위해서 하고자 하나 정작 '나'는 없는 일이다. 그러나 우리 가정의 생계를 위해서는 꼭 필요한 일이다. 자본주의 사회에서는 노동으로 돈을 버는 일은 한계가 있으며 내가 일만하며 살기에는 인생이 아깝다. 머리를 써야 되며 무엇이 옳은 일인지 잘 생각하고 판단해야 한다. 오늘은 부처님 오신 날 즐거운 공휴일이다. 내가 직장에서 일할 때 말고 집에서 집안일을 할 때 말고 내가 가장 행복하고 즐거운 시간이다. 내가 이렇게 편하게 행복하게 내가 좋아하는 카페라떼 한 잔과 내 서재에서 보는 맑고 파란 하늘이 멋진 것은 내가 그래도 현실에 안주하지 않고 무언가를 계속 갈망하고 도전하고 삶을 치열하게 살아왔다는 것이다. 일주일 내내 비가 오더니 오늘 날이 완전 깨끗한 봄날이다. 하늘이 맑다. 아이 친구들이 집으로 놀러 왔다. 내가 좋아하는 커피 한 잔 사러 집근처 산책을 잠깐 다녀왔다. 20대 날이 좋은 햇볕 짱짱한 날 2교대 근무로 출근하는 내 모습이 보인다. 다른 사람들이 룰루랄라 놀러 다닐 때 나는 일하러 직장으로 오후에 1시부터 저녁 10시까지 일만했던 내 모습이 보인다. 회사로 출근하는 15번 버스 안에서 따뜻하게 비춰주던 햇볕이 기억난다. 참 따스했지만 내가 무엇을 위해 그렇게 일하러 가는지 몰랐던 내 20대의 청춘도 보인다. 이제 그렇게 살지 말고 새로운 나의 인생을 제대로 한번 살아보자고 말이다. 내 안의 내가 나를 알아 달라고 한다. 그동안 무수한 아날로그 오프라인에서 내 몸이 움직이는 일을 했다. 그 삶이 있었기에 사회가 보인다. 사람과의 관계가 보인다. 이제는 아날로그가 아닌 디지털 노마드 시대이다. 전 세계가 변화하고 있다. 온 세상이 변화하고 있다. 그럼 어떻게든 해야 된다. 기존에 해왔던 생활방식과는 다른 삶을 위한 다른 실행을 해야 된다는 것이고 또한 제대로 진정 온라인 세상에 나의 파이프라인을 몇 개를 심어두어야 된다는 것이다. 코로나세상 이후 사람들과 소통에는 이제는 온라인은 필수이다. 사람들 간의 소통이 이제는 온라인으로 전환되고 있으며 공간의 한계를 뛰어넘는 세계화가 사람들의 사고를 더욱 확장시킬 것이며 더 발전하는 나날이 될 것이다.

내 안의 나를 깨우기 위해 봤던 수십 권의 책들 그리고 나를 키우기 위한 강의들 그리고 요즈음은 유튜브나 각종 인스타에서 수많은 정보들이 넘쳐난다. 자기가 배우고자 한다면 찾아서 얼마든지 들을 수 있는 강의나 좋은 수업들이 많다. 새로운 세상이 왔다. 새로운 기회가 왔다. 사회에서 내가 했던 여러 가지 일들은 생계의 일이었다. 그러나 그 여러 일들을 하면서 나는 알았다. 일머리 있게 처리하는 방법들을 배웠다. 어떤 게 우선 순위이고 어떻게 하면 더 효율적으로 일을 하는지 말이다. 일은 어떤 틀 안에서 최대한 효과를 볼 수 있도록 하는 게 일이다. 여러 가지 일을 해내고 성공한 사람들 중 안철수 님의 예를 들어보자. 수업 중에도 몰래 소설책을 볼 정도로 독서광이었고 과학자가 꿈이었고 정치인의 삶을 살고 있는 다양한 팔색조인 그도 말한다. 재미있고 좋아서 일을 하는 사람은 아마추어다. 재미없는 데도 해야 하는 일을 하는 사람이 프로다. 공감되는 말이다.

내가 재미없어도 해야만 했던 일들이 나를 성장 시켰고 그에 책임자가 되었으며 나는 무수한 어려운 일들을 해냈다. 그래야만 했다. 사회에서는 그 일에 맞는 적임자를 찾아야 하고 또 그 일을 해내야만 하니깐 말이다.

20대에 통영점 오픈 조장을 맡았을 때가 떠오른다. 성공적으로 오픈하기 위해서는 내게 주어진 70여 명의 캐셔 사원들을 교육시키고 훈련시키고 일을 성실히 수행할 수 있도록 만반의 준비가 필요하다. 지방 작은 강의실 안에서 내가 성공적으로 이끌었던 내 안의 강한 추진력이 보인다. 그때 내가 가장 내면의 힘을 키우며 일만 하자고 했던 내 모습이었다. 누구나 한창의 절정기가 있을 것이다. 살아갈 힘이 필요하고 해내야만 했던 그 일들이 나를 성장시켰다. 지금도 또한 사회에서 무수한 그 책임들을 견뎌내고 있으니깐 말이다.

 이전의 내가 아닌 다른 삶을 선물을 해주고 싶다. 그동안 가난으로 힘들었던 내 삶에 이제는 부와 행복만을 주고 싶다. 나도 생계의 일이 아닌 내가 좋아서 하는 내가 행복한 삶의 일을 하면서 인생 2막을 준비하고 싶다. 이제는 예쁨으로, 풍요로, 행복함으로 나에게 선물을 주고 싶다. 그동안 눈치 보며 살았던 나의 어린 시절을 이제는 벗어나고 싶다. 이제는 타인의 시선이 아닌 내 안의 시선으로 나만 바라보며 살고 싶다. 내 감정에 집중하며 나만을 위해 살고 싶다. 그게 가족을 무시한다거나 엄마로서의 자격을 벗어나는 게 아니라 타인의 감정으로 느꼈던 나 자신을 이제는 오로지 나만 바라보고 살고 싶다. 나는 내안의 무한한 성장 에너지가 가득하고 나는 더 크게 성장할 수 있는 사람 바로 나 김희정이다. 인생 2막 이제 제대로 시작해보자. 더 새롭게 더 힘차게 말이다.

05

생각한 것은 0.5초 바로 실행하기

생각한 것을 바로 실행하는 나이다. 생각이 많다는 것은 그것이 긍정적인 생각이든 나쁜 생각이든 그것을 원하거나 이루고자 하는 바가 있으면 연결고리를 끊어야 한다. 나는 내가 하고 싶은 것이나 보고 싶은 것이나 원하고자 하는 것은 다 하는 편이다. 나의 축복일 수도 있고 내가 삶을 실행하며 살아온 나의 밑바탕이기도 하다. 누구나 하고 싶은 것을 다할 수 없다. 그러나 꿈을 그리는 사람은 그 꿈을 닮아 가듯이 언제나 멋진 성장을 위해서는 삶에 최선을 다해 살아가야 한다는 것이다. 그것의 최우선은 자신과의 싸움에서 이길 수 있는 나를 바로 세우고 내 안의 실행력을 높이는 것이다. 내가 매일 매일 나 자신의 싸움에서 이기기 위한 기본적인 루틴은 나는 새벽 기상이다. 변화가 필요한 40대 중반에 문득 든 나의 생각으로 나에게 변화가 필요했다. 그것도 절실히 말이다. 사람은 환경에 의해서 변화가 되는 존재이다. 주변 환경의 변화로 인해 나에게도 변화가 필요하다고 한다. 그러면 나는 생각을 끊기 위해 어떤 실행을 해야 할까를 파악하고 내가 바로 행동을 하는 것이다. 그렇게 시작된 새벽 기상을 2019년 이후 2년 이상을 꾸준히 해오고 있다. 새벽에 시작하는 것이 좋았다.

마냥 어렸던 20대 시절, 대학교 첫 입학을 하고 헐레벌떡 아침시간에 준비해서 학교 가서 공부하는 게 좋았다. 집에서 버스를 갈아타고 강의실 제일 앞자리에서 공부하는 내 모습이 보인다. 지금은 40대 중년이지만 그때의 풋풋한 내 모습이 좋았다. 사람들이 같이 움직이는 시간에는 복잡하고 시간도 오래 걸리지만 사람들이 활동하지 않는 새벽 시간에는 차도 막히지 않고 내가 원하는 것을 바로바로 할 수 있다. 새벽 시간에 부산에서 서울까지 교육받기 위해 기차를 타는 내 풋풋한 20대의 열정적인 삶이 좋았다. 잠실 백화점 앞에서 허수경 라디오의 생생한 아침 라디오 방송을 들으며 먹는 모닝샌드위치와 그 광장의 햇빛이 찬란하게 비치는 그런 날들의 하루하루가 보인다. 내가 지금 변화를 추구하자 내 안에서는 20대의 열정을 깨우라고 아우성친다. 그것이 내 몸을 일으키고 지금 나를 변화하고 행동하라고 시키고 있다.

　알람시간이 오늘도 어김없이 4시 30분에 울린다. 내가 2년 이상 해오는 미라클 모닝이다. 내 안의 변화가 필요하다고 생각이 들었을 때 내 안의 나와 마주하며 시작한 아침들이다. 이제는 무의식에 알람도 울리기 전에 일어난다. 알람소리를 듣고 끄고 잘 수도 있다. 그러나 나는 바로 일어난다. 자기 자신과의 싸움이다. 나와의 약속에서 이기지 못하는데 어떻게 다른 사람과의 치열한 사회에서 이긴단 말인가! 성공자들의 습관 중에 대부분은 새벽기상을 하는 분들이 많다. 내가 좋아하고 직장인에서 사업가로 성공한 청울림 님의 『다꿈 플래너』에도 나와 있다.

"매일 하는 것이 나를 만든다.
매일 하는 것이 나를 결정한다.
나는 매일 하는 것의 합이다.
나는 세상보다 먼저 깬다.
늦게 일어나 바꿀 수 있는 세상은 없다고 믿는다."
　　　　　　　　　　　　　　　　　　　– 청울림, 『다꿈 플래너』

　직장인에 머물러 있는 사고를 사업가로 변신하고 자기 사업을 시작하면서 나름 규칙적인 루틴이 필요했을 것이다. 직장인의 일과는 정해진 틀 내에서 해야 하는 일들만 하면 된다. 그러나 자기가 경영하는 사업을 할 때는 다르다. 모든 게 자기가 스스로 계획하고 시간을 짜고 플랜을 짜서 해야 한다. 자기만의 규칙과 시간관리가 필요하다. 우리가 무심히 흘러 보내는 24시간이라는 시간 속에 누군가는 48시간처럼 시간을 계획성 있게 쓸 것이고 누구는 24시간도 죽이는 시간으로 마냥 허송세월을 보낼 것이다.

하루를 계획하고 또한 거기에 더해서 내가 꼭 필요한 삶의 철학으로 살아낸다. 긍정주문을 한다. 꿈을 꾼다. 운동을 한다. 책을 읽는다. 글을 쓴다. 매일 생각한다. 울림이 가득한 아침 나는 이렇게 성공자들의 이야기와 책들로 가슴에 새기고 지금은 이 새벽에 나의 책의 한편을 쓰면서 메우고 있다. 그동안 모인 이 하루하루의 삶들이 나에게 말을 건다. '이제는 좀 너를 위해 살아'라고 말이다. 내가 그동안 해왔던 내 안의 내가 말한다. '이제는 더 이상 남이 아닌 너의 삶을 살아'라고 말이다. 나를 사랑하는 요즘 내가 좋다. 아름답고 싶고 꾸미고 싶은 나를 사랑하고 싶다. 그동안 무의식 중에 타인에게 맞춰진 삶에서 이제는 오로지 나에게만 사랑을 주고 싶다고 한다. 더 예쁨을, 더 화려함을 말이다. 성공자의 의식에는 무언가가 다를까! 생각의 차이일 것이다. 우리가 똑같은 것을 봐도 생각하는 것이 다 다르듯이 말이다. 내 안의 성장을 외치자. 그리고 변화를 하자. 이제는 나도 나 보기가 부끄럽지 않다. 사람들과의 시선을 이제는 편안하게 볼 수 있다.

　나도 내 안의 발전과 늘 노력하는 삶을 살기 위해 수많은 나와 마주하며 나를 무수히 이기는 삶을 살아왔다. 나에게 편안함과 조금의 성장을 위해서는 나는 누구보다 더 강하게 오늘을 살아가야 한다. 나는 행복을 미루지 않기로 했다. 나는 오늘 누구보다 행복하며 그렇게 살고자 한다. 그렇게 살기 위해서는 매일 하는 것이 중요한 이유이다. 매일 오늘을 어떻게 살아 내는가가 말을 해줄 것이다. 실행력은 무엇보다 성공자의 자질이다.

　대부분의 성공자들은 생각한 것을 바로 실행하는 습관을 가지고 있다. 실행력 중에 최고는 나처럼 흘러가는 수많은 시간 속에서도 책을 읽는 것이다. 새벽 기상으로 내 몸을 깨우고 아침 명상과 그리고 내가 좋아하는 책을 읽는 시간은 내 안의 나와 마주하며 몰입도가 최고에 달한다. "책을 읽는다는 것은 많은 경우에 자신의 미래를 만드는 것과 같은 뜻이다."라고 에디슨은 말했다. 책을 읽으면 꿈을 꾸게 되고 열정이 생기며 위대한 인생으로 갈 수 있는 행동력이 생긴다. 이러니 책을 읽고 어찌 꿈꾸지 않을 수 있으며 꿈꾸는 삶이 어찌 진정한 삶이 될 수 없겠는가. 꿈을 꾸는 삶이 진짜 살아 있는 삶이다. 가슴이 펄떡펄떡 뛰지 않는 삶은 살아 있어도 죽은 삶과 마찬가지다.

나는 모든 사람들이 자는 새벽시간에 미라클 모닝을 하고 내가 좋아하는 책을 읽고 또한 지금 내가 글을 쓰는 현재의 삶을 사랑한다. 매일 일만 하며 살아온 내 삶에 위로가 된 책이 있었고 그 책으로 내가 또한 성장하며 하나의 글로 풀어내며 또한 이 책으로 변화되기를 바라는 독자들을 생각하며 나는 지금 글을 쓴다. 나는 아들 셋 엄마이다. 누구보다 강해야 하며 또한 내 인생의 미래를 위해 준비해야 할 것도 많다. 멋진 나의 미래를 위해서 하고 싶은 것이 많은 열정의 엄마이기에 나는 오늘도 매일 실행하는 나에게 말을 건넨다. 너는 충분히 멋진 인생을 살고 있다고 말이다.

거울로 내 모습을 보는 게 낯설지 않다. 이제는 나를 바라보는 것에 부끄러움과 거리낌이 없다. 그동안의 내성적인 내 안의 나와 남 앞에 나서서 하는 것을 조금 망설였던 나이다. 이제는 당당히 나를 표현하라고 한다. 그러기 위해서는 또 가감한 실행력이 필요할 것이다. 나는 누구보다 당당하게 나를 표현하라고 말이다. 사람들은 대부분 남을 신경 쓰지 않는다. 관심도 없다. 하루하루 자기 삶을 살아내기도 바쁘다. 내가 이렇게 했을 때 남들이 어떻게 생각할까를 사람들은 그렇게 신경 쓰지 않는다는 것이다. 나만 내 스스로 잘 살면 되는 것이다. 어제가 오늘 같고 변화 없고 무료한 삶에 한줄기 빛처럼 나는 꿈을 꾸고 있다고 말하고 싶다. 왜냐하면 지금 이 순간에 나는 충실한 삶을 살아가고 있고 그리고 또한 책을 읽고 책을 쓰는 작가의 삶을 실행을 하고 있으므로 말이다.

　사람들이 죽음을 맞이할 때 가장 많이 하는 후회는 해보지 못한 것, 시도해보지 못한 것이라고 한다. 내일이 오지 않을 수도 있는 지금 이 순간에 당신은 어떤 행동을 하고 있나? 누군가가 간절히 바랐던 내일일 수도 있는 나의 오늘이다. 내가 사랑하는 사람들이 나의 곁을 떠나가는 죽음을 지켜보면서 내 안의 나를 더 사랑하고 오늘을 사랑하고 내 가족을 더 사랑하게 되었다. 우리가 누리는 오늘 이 시간은 누군가가 그렇게 살고 싶었던 하루이다. 그래서 더더욱 자기의 행복을 위해 생각한 것은 바로바로 실행하자. 그것이 내가 이 세상에서 나에게 오로지 집중하는 나의 행복만을 위한 선택이니까 말이다. 0.5초 바로 고고고~!!

06

아이들을 더 사랑하기, 내 가정에 충실하기

여느 퇴근 시간과 똑같이 퇴근하고 집에 온다. 아침에 출근한다고 정신없던 씽크대의 그릇들, 집안에 어질러진 애들 옷가지들, 여기저기 아이들의 책가방, 아무렇게나 널브러진 양말 한 짝, 아이가 셋인 나는 직장과 육아를 같이 병행해온 지 어언 14년 차 주부이자 워킹맘이다. 하루 종일 회사에서는 사람들의 하소연과 민원으로 귀가 아프고 하루의 피곤으로 집에 오면 아이들이 배고프다고 아우성을 친다. 어떤 날은 내가 내 스스로 화가 치밀어 막내 아이를 밀쳐낸다. 내 삶이 힘들어 그것을 아이들에게 풀어낸다. 왜 사랑으로 낳은 아이를 나는 그렇게 대하는가? 왜 나는 내 삶이 이렇게도 노력하는데 내 삶이 힘들까? 무엇이 문제일까? 그렇게 삶에 지쳐가고 있었다. 아이가 클수록 아이들이 요구하는 것은 많고 나는 그것을 다 들어주어야만 하는가? 내가 과연 그런 자격을 갖춘 부모인가? 영악하게 똑똑한 내가 못되어서 내가 끌어당긴 내 안의 나를 들여다보자. 남들은 아이 하나 낳아 두 부부 여생을 즐기며 자기 인생을 찾고 아이에게 희생을 안 한다고 생각하면서 한평생 그렇게 생을 살아간다. 나처럼 영악하지 못하고 계산적이지 못한 사람은 정에 이끌려 마음에 이끌려 그렇게 살아가고 있는 것이다. 내 스스로가 그렇게 힘듦을 끌어당기는 것인가?

내 모습에서 엄마의 모습을 본다. 고달픈 엄마의 삶. 어릴 때 우리 엄마가 삶에 지쳐 힘들때면 나한테 짜증을 내는 모습을 내가 아이들에게 똑같이 하고 있었다. 엄마의 사랑을 받고싶어 엄마에게 다가갔을 때도 엄마는 짜증을 냈었다. 내가 지금 아이에게 하는 것처럼. 나는 아이를 위해 희생한다고 생각하지만 아이 입장에서는 내 마음 하나 들어주는 엄마의 따뜻한 말과 위로가 더 필요할 것이다. 사랑을 주고 싶은 엄마의 마음과 사랑을 받고 싶어 하는 아이의 마음은 서로 표현 방법이 다르다. 서로가 그렇게 사랑을 주고, 또 받고 싶어 하지만 전달 방식이 다른 것이다. 내가 어릴 적 받았던 엄마의 서툰 사랑 방식을 아이에게 똑같이 하고 있었다. 내가 외로웠던 지난 날 혼자 생활하는 그 한 소녀가 밤마다 지쳐

외로워 하며 부모의 사랑을 그리워한다. 목 놓아 부른다. 사랑을 표현하는 방법을 몰랐던 서툰 20살의 젊은 엄마의 한숨에서 그녀의 딸로 살아왔던 지난 날의 내 모습을 보며 이제는 내 인생을 살고 싶어졌다.

　가정은 작은 사회이다. 가정 내에서 일어나는 일상이 나아가 사회에서 하는 자기의 역할극을 그대로 재연할 수 있다. 남자 아이 셋은 언제나 에너지가 넘친다. 아이에게 나는 어떠한 사람이 되라고 내가 강요하지 않는다. 자기의 인생을 살아가라고 한다. 내 몸을 통해 나왔지만 자기의 인생이라고 한다. 나처럼 철저히 어릴 때부터 혼자서 살아온 내 인생에 비유하면 내가 원하고자 생각을 하고 했을 때 자기 내면의 실행력이 상승한다. 누가 시켜서 그런 것이 아닌 내면의 상승만을 바라보자. 특히나 우리의 현재의 사회보다 앞으로의 미래는 더 다양하게 변화할 것이다. 그 환경 속에서 빠르게 변화에 적응하는 강한 아이로 키우기 위해서는 자기만의 내면의 힘이 필요하다. 내가 아이를 사랑하는 방식이 보통 엄마들이 하는 방식과 다른 것처럼 말이다. 가정에서 엄마의 역할은 중요하다. 대부분 성공자의 어머니들은 특별한 가치관과 그 양육방식으로 아이들을 길러낸다. 그중에 한 예로 이랜드그룹 박성수 회장의 어머니의 교육관을 볼 수 있다. 이분의 성공 원동력은 어머니, 독서, 종교라고 했다. 그의 어머니는 중소기업을 운영했고 경영철학은 '가격은 2분의 1, 2배의 가치'라는 이랜드의 모토를 만들 수 있는 계기가 되었다고 한다. 품질은 좋게 만들면서 값은 올려 팔지 않았고 그런 서비스를 통해 많은 고객들을 단골로 만들었다. 또한 어머니는 독서광으로 집안에 책이 가득해 어린 시절부터 책으로 둘러싸인 환경에서 자랐다. 그가 근육무력증으로 수년 동안 누워 지낼 때 읽은 책만 수천 권이었다고 한다. 엄마의 가정에서의 역할이 중요한 이유이다.

　아이에게 독서를 시켜야 하나? 이렇게 질문을 해보자. 가치관에 따라 독서를 시키지 않아도 된다. 하지만 독서는 모든 공부의 기초가 된다. 단지 학업 성적을 올리는 것뿐만이 아니라 텍스트를 읽는다는 것은 세상의 정보를 알아간다는 것이다. 독서가 선행되지 않으면 말하기와 쓰기도 잘할 수 없다. 50년 후의 행복과 성공은 독서력과 작문력에 좌우된다고 한다. 내가 좋아해서 책을 읽지만 아이들은 자기의 성향이 다 다른 것처럼 책을 좋아하지 않는다. 책읽기를 강요해서도 안 되고 내가 좋아서 하는 것만큼 즐거운 것이 없듯이 나는 다만 책을 읽게 하는 환경에 계속 노출을 시키는 것이다. 사실 나는 도서관과 서점을 좋아하고 우리 집 서재에도 내가 좋아하는 책이 많다. 그러나 아이들은 성향이 다르니 내가 그것을 강요하지는 않는다. 그러나 내가 살아오면서 독서의 중요성을 알았듯이 내가 그 책의 힘을 알게끔 아이들도 스스로 책보는 습관을 기르게 하고는 싶다. 그럼 습관을 어떻게 길러줘야 될까?

『기적을 만드는 엄마의 책 공부』의 저자 전안나 님의 방법을 한번 알아보자.

첫째, 책 읽는 시간은 즐거운 시간이다.

책읽기를 '놀이'라고 생각하자는 것이다. 독서는 즐거운 일이다. 좋아하는 것을 제공하는 것으로 행동을 증가시키는 정적 강화방식으로 아이들이 자연스럽게 독서를 즐거운 것으로 인식하게 만들자. 책을 읽지 않았다고 벌을 주고, 잔소리하지 말고, 오히려 잘못된 행동을 했을 때 책을 읽을 수 없다는 벌을 주면 어떨까? 그러면 자연스럽게 독서가 상이 될 수 있다. 책을 읽는 시간을 귀하고 즐거운 시간으로 인식될 수 있도록 하자.

둘째, 도서 목록으로 이력 관리를 하고 성취감을 증진 시킨다.

아이들이 책을 읽을 때마다 책 제목을 쓰게 한다. 일종의 독서 이력 관리라고 생각하면 될 것 같은데 리스트가 쌓일수록 아이들의 성취감도 높아진다. 아이가 둘 이상일 경우엔 자기들끼리 경쟁이 되어 이력을 높이기 위한 자발적인 독서를 하기도 한다. 독서 목록은 나중에 진학할 때 중요한 자료가 될 수도 있으니 성실하게 적어서 관리하자.

셋째, 독서로 용돈 주기다.

독서목록에 적은 책이 10권이 될 때마다 1천 원 씩 상금을 준다. 아이는 읽은 책이 50권이 되면 5천 원, 100권이 되면 1만 원을 상금으로 받게 되는 것이다. 책을 읽지 않는다고 잔소리를 하지 않는다. 아이들은 책을 읽지 않아도 불이익이 없지만, 책을 읽으면 이익이 생긴다는 것을 정확하게 인지한다. 그러면 시키지 않아도 열심히 책을 읽고 보상을 받는다.

넷째, 넛지를 주자.

상금이나 이익이 있더라도 책읽기를 매일 성실하게 한다는 것은 어려운 일이다. 세상에는 자극적이고 재미있는 것들이 너무 많기 때문이다. 그래서 순간순간 독서가 끊긴다. 그럴 때조차 아이들에게 '책 좀 읽어'라고 말하면 안 된다. 입이 근질근질하고 속이 부글부글 끓어올라도 참아야 한다. 대신 부드러운 개입으로 더 좋은 선택을 할 수 있도록 유도하는 넛지(Nudge)를 사용해보자. "영삼이는 책 250권을 읽었네~! 도윤이는 몇 권 읽었어?" 친한 친구 이름을 예로 들면서 자극제가 되어 하게끔 하는 것이다.

다섯째, 상 주기는 그날 바로, 즉시 주어라.

아이들이 10권, 50권, 100권 독서 목록을 달성하면 상금은 반드시 읽은 그날, 즉시 주는 것을 권한다. 아이들에게 나중에 줄게라는 말이 통하지 않는다. 밤 9시든, 아침 8시든 독서 목표를 달성하면 그 즉시 상을 준다. 아이가 50권, 100권을 달성하면 다른 아이에게도 추가로 몇 천 원씩을 준다. 이렇게 주는 이유는 적극적인 칭찬을 해주기 위해서이다. 첫째가 100권을 읽으면 둘째에게 "형이 100권 읽었어. 너도 읽으면 같이 용돈을 받을 거야." 서로에게 고마운 마음, 으쓱한 마음을 가질 수 있다. 때론 선의의 경쟁자가 되기도 한다.

아이들을 사랑하는 세 아이. 아들 셋 맘이다. 아이들에게 원하는 것을 다 들어주고 싶고 내 가정이 행복하고 풍요로 가득 차길 바라고 있다. 아이들이 사회생활에서 지치고 힘들어 하니 그래도 집안에서는 편히 쉼을 주고 싶었다. 그것이 아이에게든 남편에게든 말이다. 집은 하나의 안식처가 되어야 한다. 그러나 사람에 지치고 사회에 치이고 윗사람 아랫사람 맞추는 사회생활 너나 할 것 없이 자기의 욕심으로 가득한 온 세상에 내 몸 하나 편히 쉴 수 있는 가정을 만들어주고 싶었다. 그러나 내가 스스로가 힘들어 지칠 때도 있다. 나는 그것을 구실로 벗어나고 싶었던 엄마이자 아내였다. 이제는 나도 스스로가 평온해지고 싶다.

내 감정이 중요하다. 내가 일에서 받은 스트레스를 아이에게 주지 않으려고 했다. 그래서 일을 마치고 특별한 약속이 있거나 바쁜 일이 없으면 서점에 간다. 회사 근처가 시내라 대형서점, 지방서점들이 많다. 책 10분 내지 15분 잠깐이라고 책들을 보고 내 감정을 책으로 풀어낸다. 내가 기분 좋음을 유지하기 위해 나는 안 좋은 감정을 책으로 정화시킨다. 그리고 집으로 간다. 그러면 아이를 내 기분 좋음으로 다시 사랑을 할 수 있다. 내가 독서를 좋아하지만 이렇게 책을 읽고 서점을 가고 좋은 책을 보는 것만으로 나에게는 힐링이 된다. 내 기분 좋음이 아이와 남편에게 전해지고 그럼 우리가정은 화목하게 행복한 가정으로 좋은 가정으로 더욱 풍요로워지기 때문이다. 엄마의 역할이 한 가정을 살리는 일이기도 하다.

07

나를 살리는 독서

그동안 내 삶에서 독서는 힘든 나를 안아 주었다. 그리고 내 안에 평화를 주었다. 이제는 독서가 내 생각을 바뀌게 해주고 나의 행동을 변화시켜주고 있다. 그동안 내가 살아왔던 것이 아니라고 하는 의식을 확장함으로써 삶을 바라보는 관점을 바뀌게 하고 있다. 사람을 변화시키는 계기는 자기에게 다음 단계로 도약할 수 있는 계기가 되게 한다. 내가 평범하게 살지 못했다면 변화를 해야 하는 순간이라는 의미이다. 내면의 힘과 행동의 힘은 사람에게 주어진 환경에 의해 변화를 한다. 내가 가고자하는 길에 내게 최선의 선택이 무엇인지 내 안의 나와 무수히 많은 대화를 한다. 그래서 어쩔 건지 내가 지금 고민하고 있는 내 안의 답은 지금 더 노력해야 된다고 말이다. 직장인의 사고로 살아왔다. 한 번도 내가 내 사업을 해본 적이 없다. 회사안의 부속품처럼 살아왔다. 그러나 이제는 그것만으로 정답이 아니라고 내 안의 나에게 계속해서 질문을 던진다. 아무래도 대부분의 평범한 사람들이 그렇게 살아갈 것이다. 학교에서 공부하고 대기업이나 공기업, 사회가 만들어놓은 회사 안에서 일정한 노동을 하고 내가 필요한 돈을 벌고 말이다. 그러나 내가 변화하고자 함은 내 가족의 힘이 크다. 사랑하는 내 가정의 평화와 행복을 위해서는 나는 내 안의 힘을 더 키워야 되기 때문이다. 사회에서 무수한 일을 해왔다. 힘들 때마다 사람에게 기대기보다 책속의 주인공들이 나에게 위로를 해주었다. 이제 또 다른 나의 고민들로 내가 해답을 찾을 때 또한 책속의 글들이 나에게 말을 건넨다. 너를 변화시키라고 말이다.

혼자 살았으면 나 혼자 벌 만큼의 여력과 경제력만 있으면 살아간다. 대부분의 직장에서 젊은 사람들이 아무래도 가정이 있는 가장처럼 치열하게 일을 하지 않는 이유이다. 누군가를 책임진다는 것은 무거운 가장의 짐이다. 그게 엄마 아빠의 역할이 되면 아무래도 그 사랑을 더 주고 싶어 할 것이다. 그 책임이 싫어 요즈음 젊은 부부는 아이 없이 두 부부만이 삶을 즐기자는 부부들도 많다. 삶에 정답은 없다. 자기가 선택한 것에 만족하면 그뿐이다. 대부분의 여자들은 엄마의 모습을 보며 엄마의 인생을 닮아간다. 그 모습이 롤모델이기 때문이다. 아빠의 그늘 없이 강한 엄마 밑에서 일만 하는 엄마만 보면서 살아왔다. 어느새 나도 엄마의 모습을 하고 있다. 내가 어릴 때 다른 집의 엄마들처럼 학교 갔다 오면 엄마가 있는 것이 아니라 항상 혼자여야 하는 내가 있었다. 이제는 엄마를 이해할 수 있다. 내가 아이를 낳고 살아 보니 그게 엄마를 위해서든 우리 자식을 위해서든 최선이었다는 것을 말이다. 엄마도 여자이고 싶었을 것이고 사랑받고 싶은 가녀린 여자의 순정이 있었을 것이다. 아끼는 것에 모든 것을 절약을 해야 했었을 것이다. 어렵게 일을 하면서도 엄마는 돈에 대해서는 긍정적이어서 자기를 위해서 꾸밀 줄도 알았다. 행복하게 돈을 다룰 줄도 알았다. 사업을 해서 자기만의 일을 하지만 크게 돈을 벌지 못해도 아이들 공부시키고 생활할 만큼의 돈이었을 것이다. 딱 엄마의 의식만큼의 투자만 한 것이다.

여기서 절약에 대해서 정의를 해보자. 내가 요즘 내 사고를 확장하고 삶의 변화가 필요해서 필사를 하고 있는 필사 책이다. 구세주 김도사님의 책에서는 말한다. 『자본 없이 콘텐츠로 150억 번 1인 창업 고수의 성공비법 필사 노트』의 72일차 필사의 내용이다.

"절약이란, 가진 돈을 가장 현명하게 소비하는 것이다. 자신의 꿈과 비전 실현을 위해 큰돈을 쓰는 것이 가장 현명한 절약이다. 정말 하고 싶고, 배우고 싶은 일이 있다면 금액이 얼마가 지출되더라도 해야 한다. 이 때 지출되는 돈은 소비가 아니라 투자이기 때문이다. 한 달에 수천만 원, 수억 원의 수입을 벌어들이기 위해선 수백만 원의 투자가 선행되어야 한 다."

지금에서야 생각해보면 엄마는 아끼는 것을 철저하게 지키고 자기 사 업도 했지만 큰손이 못되었던 것은 그만큼의 욕망이 없었을 것이다. 딱 아이 키우고 생계를 위한 투자만 했을 것이다. 대부분의 사람들은 그렇 게 살아간다. 그러나 성공의 욕망이 큰 사람은 딱 그만큼의 부를 얻게 되 고 자기가 목표한 것을 달성하게 된다. 왜냐하면 그것이 자기 안의 잠재 의식에 내재되어 그것을 하도록 부추기기 때문이다. 그래서 성공자들이 말하는 꿈, 비전, 목표, 상상력 모든 것이 내 안의 잠재의식을 계속해서 반복하며 되뇌는 이유이다.

내 꿈을 100번씩 쓰고 되뇌는지 쓰면서 자기 안의 무의식에 계속해서 현실 세계에 일어날 수 있도록 상상하는 것이다. 상상력의 힘을 이미 우 리는 알고 있다. 그동안의 나의 인생을 뒤돌아봤을 때 그렇다. 그렇게 착 실히 공부하고 대기업에 들어가서 성과를 내고 책임자가 되어 일을 하고 평범한 사람과 결혼을 해서 아이를 낳고 왁스의 노래 〈황혼의 문턱〉에 나오는 가사처럼 말이다. 그렇게 살아온 삶이 잘못됐다는 것이 아니라,

이제는 내가 원하는 미래를 위해서는 조금 다른 사고로 세상을 바라보고 이해를 하자는 것이다. 내 신체와 내 정신이 이제는 청춘이 아닌 중년을 바라보는 나이이다. 내 몸으로 일할 수 있는 나이의 한계를 넘어 내가 노동하지 않아도 수입을 올릴 수 있는 일을 하라고 말이다.

버크 헤지스 『파이프라인 우화』에서 저자는 말한다. 파이프라인 하나를 구축하는 것은 월급봉투 천 개를 받는 것과 같다고. 시간과 돈을 교환하는 시스템의 함정에 빠져버린 당신이 그곳에서 탈출하려면 어떻게 해야 할까? 물통을 나르는 것이 아닌 파이프라인 구축을 배워 하루하루를 시간과 교환하게 만드는 함정에서 벗어나야 한다. 그래야 나아가 미래를 풍요로운 라이프 스타일을 즐길 수 있다.

" '안정된 직장'은 그저 환상에 지나지 않습니다. 물통을 나르는 사람은 주변 상황이 약간만 변해도 불안정한 상황에 놓입니다. 다시 말해 물통을 나른 대가로 받는 돈은 평생 받을 수 있는 인세 수입이나 영구적인 수입이 아니라 일시적인 것에 불과합니다."

– 버크 헤지스, 『파이프라인 우화』

현재를 살 되 미래를 계획을 해야 한다. 준비된 자만이 오로지 그 미래의 주인공이 될 수 있다. 그 준비의 첫 단계가 공부이다. 내 미래를 위한 공부. 그러려면 독서가 우선시 된다. 우리가 모르는 분야를 알기 위해서는 그 분야의 사람과 직접 만날 수가 없으니 그 사람들이 쓴 책을 읽어야 한다. 그 책이 그 사람의 모든 것을 말해준다.

그동안 나의 독서는 그냥 책이 좋아서 읽은 것이었다. 내가 자기계발을 좋아하고 성장하는 것을 좋아해서 읽기 시작한 독서이다. 그러나 이제는 생존 독서이다. 말 그대로 이제는 내가 변화해야만 하는 독서이다. 지금 나의 현실에서 도약하기 위한 독서이다. 철저히 집중을 해야 하며 느긋하고 한가롭게 읽는 독서가 아니라는 말이다. 내가 잠을 줄여가며 새벽 기상과 일과 육아와 나의 책을 집필하는 이유는 나의 생활에 변화가 필요한 순간이라는 것이다. 대부분의 성공자들이 어떻게 실패를 딛고 역경을 딛고 성공했는지 보면 그 사람이 성공을 위해서 얼마나 간절했는지 알 수 있다.

교육전문업체 휴넷의 조영택 대표는 1년에 500권의 책을 읽는다. 1년에 책값으로 쓰는 돈이 2천만 원에 달한다. 본격적으로 책 읽기 효과에 눈을 뜬 것은 특이하게도 '회사에 보답하기 위해서'란다. '1년에 책 50권도 안 읽는 직원은 범죄자에 가깝다'고 생각한단다. 회사는 기회를 주고 직원은 커가는 능력을 보여주어야 한다는 생각으로 열심히 자기계발에 힘을 쏟아야 하니까 말이다. 직장인은 회사 내에서는 최대한 성과를 내야 한다. 기업은 이윤을 바탕으로 이루어진 집단이다. 그 안에서의 필요한 능력과 역량을 키우고 업무를 수행한다. 나도 그렇게 해왔고 지금도 해오고 있다. 그것의 내 생계이기 때문이다. 그러나 사람들마다 환경이 다르듯이 나는 나에게 주어진 세 아이의 미래를 함께 책임을 져야하고 아이의 꿈을 지원해주어야 하는 엄마이다. 그동안의 노력보다 두 배, 세 배의 노력이 필요하다고 한다. 계속해서 내 안의 힘을 키우라고 부추긴다.

그래서 시작한 나의 새벽 기상과 독서를 2년 이상 해오고 있다. 책을 읽고 그리고 쓴다. 내 머리에 아로새기라고 한다. 계속해서 나의 무의식의 사고를 기존의 가난에서 벗어나라고 한다. '있음'에 맞춰보자. 내 의식은 상상력과 현실 세계를 정확히 알지 못한다. 내가 느끼는 기분을 알 것이다. 내가 다 가졌다고 생각한 것이 실제로 다 가진 것처럼 내가 행동하는 것을 말이다. 의식을 확장하자. 그리고 내가 바라보는 관점과 시야를 조금 더 폭넓게 사고하고 바라보자. 나는 지금 내 안의 그동안 무수한 자아와 마주하며 대화를 하고 있다. 책을 읽고 책을 쓰면서 계속해서 내가 나를 살리는 독서를 하고 있는 중이다. 계속해서 말이다. 내가 성장을 향한 도약을 놓지 않을 때까지 말이다. 에너자이저처럼 무한 반복~!!

08

책은 나에게 운을 부르는 말버릇을 선물했다

하루 종일 사람들의 하소연을 들었다. 내가 직장에 한계를 느낄 때 찾아온 그런 일들은 원래 힘들었던 나를 더 힘들게만 했다. 일을 끝내고 집에 가면 또 육아 일이다. 계속해서 일을 해도 돈이 없다. 아이들이 돈이 없다고 하니 계속해서 나를 더 힘들게 하는 것 같았다. 열심히 일해도 나에게 계속해서 더 견디라고 하는 것 같았다.

『2억 빚을 진 내게 우주님이 가르쳐준 운이 풀리는 말버릇』이라는 책을 알게 되고 생각이 조금씩 바뀌어갔다.

내가 없다고 생각하니 계속해서 우주님이 나를 더 힘들게 하는 것 같다. 나에게 좋은 일들만 일어나게 해달라고 해야 한다. 나에게 무한한 돈이 계속해서 들어온다고 생각을 해야 한다. 그래, 돈은 나에게 계속해서 들어온다. 힘들수록 나의 기쁨을 생각하자. 내가 지금 가지고 있는 것은 다. 나에게 좋은 운들만 가져다주고 있다고 생각을 하자. 생각이 사람의 행동을 바꾸고 삶을 바라보는 관점이 바뀌게 된다. 내가 힘들었던 나의 인생에서 유일하게 쉼을 줄 수 있었던 것은 긍정의 힘이었다. 지금 힘들었던 안 좋았던 일은 모두 끝이 있고 과정이 있고 결과가 있다.

내가 경험한 모든 것은 헛된 것이 없고 나에게 항상 깨달음을 주고 있다. 책에서 위인들의 말이나 성공자의 생각을 좇아가면 모두 다 하나같이 긍정적이고 자기에게 확신이 있으며 언제나 희망적이다. 그래 내 안의 어려움보다 기쁨을 생각을 하자. 내가 몸을 지배하듯 생각이 나를 지배한다.

빅터 프랭클의 『죽음의 수용소에서』에서는 몸은 비록 고되고 힘든 죽음의 공포로 가득하고 바로 옆 사람이 죽어나가는 그런 환경 속에서도 주인공의 의식을 부여잡고 있는 것은 살아나갈 거라는 자기만의 확신이 있는 사람이었다는 것이다. 자기 스스로가 포기하는 사람은 이미 자기가 포기를 한 결과를 내포하고 하고자 하는 열정이 없다. 내가 꼭 해야만 하는 결과가 있는 사람은 어떻게 해서든지 원하는 결과를 위해 목표를 위해 과정을 즐긴다.

내가 내 몸을 지탱하는 것은 내 정신이며 내 몸은 내 의지에 따라 움직이게 되어 있다. 또한 건강한 신체가 아닐 때는 내 정신이 힘이 든다. 왜 제일 중요한 건강한 신체가 아닐 때는 내 스스로가 힘이 들어 지치기 때문이다. 2년 전부터 내 안의 변화가 필요했다. 그것은 내가 세 아이의 엄마이기도 하고 아이들을 바르게 키워야 되며 또한 나는 내 삶을 사랑하는 엄마이자 워킹맘이자 아들 셋 맘이기 때문이다. 내가 매일 일만 하고는 있지만 내 삶에 뭐가 그리 불안하지 뭔가를 하지 않으면 불안했었다. 무엇을 위해 그렇게 사는지도 모르는 채 살았던 것 같다.

그러던 어느 날부터 내 안의 나를 들여다보면서 나에게 말을 건넨다. 너는 그렇게 열심히 살면서 정작 너를 보지 못하고 있다고 말이다. 내가 그렇게 살고 있는 이유는 뭘까? 나를 가장 사랑하는 힘이 부족했다고 한다. 그래 나는 누구보다 멋진 여성이며 나보다 잘난 사람은 없는데 정작 내가 제일 중요한 내가 그것을 모르고 있다니 말이다. 나에게 이제 좋은 것만을 주자. 일 말고 말이다. 매일 나에게 일을 선물하지 말고 나에게 이젠 예쁜 것을 주자. 너는 충분히 멋지고 잘난 여성이라고 말이다.
책은 언제나 나에게 친구이자 애인이자 멘토이자 행복한 삶을 주었다.

나는 성장하고 있으며 언제나 뜻 깊은 나의 삶에 위로를 주고 있다. 책은 나에게 그랬다. 지금 내가 글을 쓰고 있는 지금은 이제 작가라는 삶을 주었다. 이 얼마나 행복한 일인가. 내가 그동안 책을 읽고 살았다면 이제는 글을 쓰는 작가의 삶을 선물했다. 사회에서 매일 힘들었던 삶에 위로를 준 책이 이제 나에게 행복과 충만함을 주고 있다. 사회생활 23년차, 직장의 한계에 부딪힐 때 새로운 도전을 꿈꾼다. 이제 제2의 인생을 살기 위한 준비를 하고 있다. 그리고 지금 다니고 있는 직장에서도 합병 이후 힘든 업무에서 성과도 달성하고 또한 리더가 나의 역량을 인정해주고 있다. 일과 육아 어느 것 하나 놓치지 않고 목표를 달성함에 2차 부서 요금 책임자 일까지 맡게 되는 계기가 되었다.

일은 언제나 나에게 성실히 수행해야 한다는 책임감을 주었다. 한번 시작하기가 힘들지 시작한다면 끝을 봐야 되는 나의 성격도 한몫을 했으리라 생각을 한다. 나는 결심한 것을 실행을 한다. 리더가 따로 리더가 아니다. 나를 믿고 따르는 사람이 있다면 그것이 리더의 역량이다. 나는 스스로 일을 찾아서 하는 사람이다. 사회에는 그렇다. 네가 시키는 일만 하는 사람보다 일이 무엇인지 우선순위를 정하고 달려가야 한다는 것이다. 윗사람은 달리 윗사람이 아니다. 다 보고 있다는 것이다. 네가 스스로 하고 결정하고 판단하고 헤쳐나가야 한다. 책임자로서의 너의 권한은 뭐다. 너의 역량에 달려 있다. 무엇이든지 책임감 있게 믿고 나가야 한다.

매일 아침 나에게 감사로 시작한다. 이제 나에게 운을 끌어당기고 돈을 끌어당기고 있다. 나의 그동안 가난했던 나의 의식을 서서히 바뀌고 있다. 내가 그동안 살아왔던 44년 동안의 내 생각을 바꿔야 한다. 무엇보다 나 자신을 바꿔야 한다. 내가 내 삶의 주체이며 나는 멋지게 성장하고 있다. 나는 더 크게 성장하고 있다. 그게 나에게 계속해서 운을 불러들이고 있는 것이다. 너는 사회에서 남들이 못하는 일들을 다 해냈다. 그러나 정작 제일 중요한 네가 그것을 인정하지 못하고 있다. 너는 대단한 일을 했고 그동안 겪어왔고 더 잘 해내고 있다. 그래 더 열심히 살아내야 하며 나의 의식을 조금 더 확장하자. 너는 너의 가치가 100조의 이상의 가치를 지니고 있다. 누구보다 멋진 여자이며 그동안 사회에서 해왔던 너의 역량을 보라. 너는 서울에서도 책임감을 가지고 성공적으로 책임자로 일을 잘 해냈고 어떤 일에 도전함에 있어서 항상 1등이라는 최선의 결과를 내지 않았는가. 나를 바로 세워야 되는 일이 제일 중요하다. 너는 누구보다 잘난 여자이니 너에게 제일 중요한 너의 가치를 키워라.

나에게 하는 내면의 말들이 중요하다. 그래서 내가 나를 바꾸기 위해 감사 일기를 쓰고 내 안의 나를 마주하며 조금 더 의식적으로 더 좋은 것을 주고 있는 것이다. 내가 나에게 예쁨을 이제는 주고 싶다. 나에게 일 말고 여자로서의 가치를 밝힐 수 있는 예쁜 옷들, 나를 표현할 수 있는 나의 가치를 더 멋지게 뽐낼 수 있는 나에게 이제 예쁨을 선물하자. 충분히 너는 그럴 수 있는 존재이며 충분한 가치가 있는 그런 여자이고 엄마이다. 나에게 계속해서 말을 해주자. 너는 충분히 멋지며 그런 모든 것을 누릴 수 있는 가치가 충분히 있다고 말이다. 나에게 좋은 일들만 일어난다. 나에게 매일 좋은 것만 들어온다. 우리 집에는 풍요만 넘친다. 이렇게 항상 긍정적으로 좋은 것을 끌어당기니 내 삶도 그렇게 살아지는 것 같다. 우리네 인생이 인간으로 한번 태어났으면 제대로 내 인생 한번 잘 살아보자고 한다. 힘들면 한없이 힘듦으로 나를 끌어내린다. 밑으로 한없이 나를 끌어내린다. 저 밑바닥까지 찍는다. 그 기분에 취한 건지 왜 그런 건지 나를 아래로 스스로 그 기분에 갇힌다. 그렇게 나를 위로하고 내 안의 나와 마주하며 눈물을 흘리며, 그러면서 나는 그 힘든 감정을 풀어낸다. 그러면 어느새 내가 다시 나 다운 나로 마주한다. 그렇게 우울할 필요가 없다고 또 인생 행복하게 살기에도 빠듯하다고 한다. 내 기분이 좋음을 유지하는 것이 중요하다.

나에게 해주는 긍정적인 말버릇이 중요하다. 내가 다른 사람에게 건네는 말 한마디가 중요하다. 내가 내뱉는 말 한마디가 나를 제일 잘 표현하는 수단이다. 네가 긍정적인 말만 하면 긍정의 기운을 불러들일 것이고 부정적인 것을 말하면 부정을 계속해서 끌어들일 것이다. 돈이 없음보다 무한정 있다고 생각을 해보자. 세상에 널리고 널린 것이 돈이며 나에게 모든 돈이 흘러넘친다고 생각을 해보자. 부자들은 이미 이러한 마인드로 계속해서 성장과 의식을 확장하고 있으며 가난한 자는 계속해서 아끼는 것에, 절약하는 것에 맞추어서 인생을 살 것이다. 나의 선택에 내 생각이 달려 있다. 네가 있음을 바라보고 계속해서 성장을 할 것인가? 아니면 없음에 맞추어서 남들과 똑같거나 아니면 더 힘든 삶을 끌어들이며 살 것인가? 한번 가슴깊이 생각을 해보자.

  책을 무수히 보면서 알았다. 수많은 사람들이 자기가 알게 모르게 내뱉는 말이 자기가 삶을 바라보는 관점이다. 그리고 그 말버릇이 현재의 그 사람의 선택의 결과로 말해준다. 내가 그동안 내뱉은 말들이 나에게 행운과 행복을 주었듯이 이제 더 좋은 풍요의 말로 운을 끌어 오게 한다. 그동안 부에 대해서 없음을 이제는 있음에 한없이 넘침에 초점을 맞추고 이제 그렇게 나에게 말하라고 말이다. 나에게는 우리 가정에 쓰고 넘칠 만큼 큰 재물과 복이 넘치고 있다고 말이다. 내가 내뱉은 나의 말이 나에게 돌아옴에 중요한 이유이다.

4장

한 달에
10권 읽는 독서 습관

효과적인 메모 독서법 5단계

책을 좋아해 그동안 읽는 재미만 알았다. 책에서 내가 모르는 지식을 배우고 성장을 하고 대부분의 독자들은 그렇게 독서를 함으로써 삶이 달라지길 바랄 것이다. 나에게 주어지는 자유 시간에 최대한 책을 보려고 했다. 그러나 읽고 나면 대부분 그때의 지식은 늘어나지만 며칠이 지나면 사람은 망각의 동물이라 잘 기억이 나지 않는다.

그래서 대부분의 독서를 좀 한다는 분이나 다독가들은 책을 함부로 대한다. 그 말뜻은 책의 빈 여백 공간이나 책에 자기가 필요한 부분은 줄을

굿고 자신의 생각을 메모를 한다. 눈으로 하는 대부분의 독서에서 이제는 쓰는 독서를 하는 것이다.

메모 독서법이라는 방법을 알게 되고 따라 하면서 조금 더 깊이 있는 독서를 하게 되었다. 나는 주로 그때그때의 감정으로 내가 서점이나 도서관을 가면 끌리는 책은 그때 그 자리에서 바로 읽는다. 목차를 보고 어떤 내용의 책인가 보면서 책의 느낌을 읽는다. 그렇게 필요한 책은 직접 구입해서 읽어야 한다. 도서관에서 빌린 책은 내가 필요한 내용을 메모를 할 수 없다. 그래서 자기계발을 하고 이제 책을 쓴 작가가 되니 내 책을 누군가가 구입해주는 것이 참 고마운 일이란 걸 알았다. 그러면 새로운 저자들은 그 기운으로 다음 책을 계속 쓸 수 있으니깐 말이다. 그렇게 구입한 책을 이제는 집중 있게 자기의 기준에 맞게 읽어나간다. 중요한 부분만을 위한 '발췌독'을 할 수도 있고 아니면 정독해서 책의 내용을 상세하게 파고들 수도 있다. 책을 읽다 보면 나는 내가 끌리는 부분은 줄을 긋고 내가 좋아하는 말은 기록하는 다이어리에 기록하고 책에도 그 감명 깊은 내용을 한 번 되짚으면서 적는다. 그게 메모를 하면서 나의 뇌에 한 번 더 각인을 시키는 것이다.

『단 한 권을 읽어도 제대로 남는 메모 독서법』의 저자 신정철 님께서는 이렇게 메모 독서법으로 달라졌다고 한다.

– 책에 메모하고 독서 노트를 쓰며 '생각'하는 독서로 바뀌었다.

– 메모 독서로 수집된 생각을 연결하며 글을 쓰는 사람이 되었다.

– 책에서 배운 것을 글로 쓰며 실천하는 경우가 늘었다.

내가 글을 읽고 쓴다는 것은 내가 읽은 내용을 한 번 더 각인을 시키는 것 같다. 적어도 나에겐 그랬다. 책 속의 다양한 작가들의 삶에서 그분들이 느꼈던 주옥같은 말들 감동받은 문장을 적으니 기억에 더 오래 남았다. 무수히 힘들었던 작가들이 고뇌에 찬 말들 그것을 삶의 철학으로 알고 감명 깊은 말들은 나에게 울림을 준다. 시 한 구절이 애틋하듯이 한 문장 한 문장을 쓰면서 나에게 한 번 더 되묻는다. 너도 이 책을 읽고 너의 가슴에 적게 되는 말들이 너의 인생이 크나큰 나침반이 되어줄 거야라고 말이다. 책이라는 큰 나무가 있다면 메모 독서는 그 나무에서 성과를 낸 하나의 열매이다.

내가 존경하는 멘토 김미경 님이나 한비야 님 등등 책을 읽다 보면 감명 깊은 울림 있는 글들이 많다. 글은 그 사람의 인생과 경험과 나름 깨달은 통찰력이기에 그 책속의 한 줄 한 줄이 끌림이 있다. 그리고 나는 그 끌림은 책의 옆 여백에 다시 한 번 내 마음을 적는다. 그래 그렇게 삶의 철학이 농후하다. 깊이가 더해간다. 나도 그런 글을 쓰고 싶다. 내가 특히 여유 있고 한가할 때 보던 책들은 소설책이지만 대부분 사회에서 힘 받은 책들은 자기계발 책이었다. 책을 고를 때 베스트셀러 책은 사람들에게 인기를 주는 책이지만 모든 사람에게 공감되는 책은 아니기에 나는 주로 내가 책을 서점이나 도서관에서 보면서 일단 제목을 먼저 읽고 그 다음 안의 내용을 보며 공감하며 읽어나간다.

대부분의 사람들은 책을 좋아하지 않는다. 요즘 같은 온라인 시대에 아날로그적인 종이책도 점점 e북으로도 더 활성화가 되고 있다. 점점 힘들고 귀찮은 것은 하지 않고 더 쉽게 편한 것을 사람들은 추구한다. 그러나 책을 진정 사랑하는 사람들은 종이책의 위력을 안다. 직접 책을 읽고 내가 느끼고 그리고 쓰는 그 마력의 힘을 말이다. 성공자들이 왜 다들 다독가이겠는가? 이러한 여러 다양한 책들을 읽었으면 그 책들로 또한 자기의 힘을 길러 됐으니깐 말이다. 내가 주변에 아는 지인이나 삶을 그래도 통찰력 있게 이끄는 사람들은 대부분이 독서의 힘을 아는 사람이었다. 우리가 왜 국사와 세계사를 공부하는가? 이전 우리네 조상들이 한 시대를 이미 살고 간 사람들의 성공법을 적은 것이다. 우리가 여러 경험으로 깨달았을 그 울림들을 이미 그분들은 깨달았고 그것을 읽고 실천만 한다면 되는 것이다. 그래서 이미 강한 자는 이것을 알고 책을 읽으면 또한 시중에 많은 책들보다 진짜 양서를 읽어야 되는 이유이다.

좋은 책은 밑줄 칠 내용들이 너무 많아서 책이 온통 빨갛게 물든다. 여백에 나만의 깨달음을 메모한다. 그렇게 다시 한번 메모독서법의 위력으로 독서를 한다.

이제 책을 읽는 당신이 조금 더 영악하고 효과적인 메모 독서를 하기 위한 5가지 방법으로 실천하자. 이미 페트라르카, 몽테뉴, 정약용 등의 다독가들이 메모 독서법을 만들어 사용한 것처럼 메모 독서법은 사람마다 다르고 정해진 규칙이 있는 것이 아니다. 자기만의 색깔로 만들어진 메모 독서법이 자기에게 맞는 최고의 방법이지만 대부분의 사람들이 연구하고 효과가 있다고 하는 방법을 알면 조금 더 체계적인 자기만의 메모 독서법을 만들어갈 수가 있기에 활용하길 바란다.

1단계. 책에 메모하기
2단계. 독서노트 쓰기
3단계. 독서 마인드맵 작성하기
4단계. 메모 독서로 글쓰기
5단계. 메모 독서 습관 만들기

그동안 책을 좋아해서 책을 읽기 시작했던 나이다. 그러나 책을 깊이 있게 읽고 사고의 폭을 넓혀나간다는 것은 이러한 메모 독서법 같은 구체적이고 체계적인 방법으로 더 나의 독서 깊이를 알 수 있게 한다. 그 수많은 책을 많이 읽기보다 좋은 책 한 권을 여러 번 되뇌고 밑줄 긋고 필사하고 그렇게 읽은 것을 내가 지금 글을 쓰는 작가가 된 것처럼 글로 창조를 한다. 이러한 과정이 내 사고를 확장 시키고 나의 성장을 돕는 것이다. 글쓰기는 메모 독서의 완성 단계이다. 그동안 해왔던 독서를 이제 깊이 있게 쓴다. 누구나 쉽게 처음 되지 않는 것처럼 점차적으로 쓰다 보면 나아질 것이다. 메모 독서의 효과적인 독서법으로 당신은 책 읽기의 마법으로 빠질 준비를 5단계로 메모 독서법의 방법을 통해 알게 될 것이다.

02

바인더 독서법 따라잡기

독서를 좋아는 하지만 진정 독서로 변화된 사람들은 자기만의 독서법이 있었다. 나처럼 직장생활을 10년 이상 해본 사람들은 다들 그 안에 자기만의 고민을 가지고 있는 사람들이다. 대부분의 30대 후반 인생의 중년 어느 정도 세상도 경험해보고 일도 어느 정도 성과를 내보고 승진도 하고 회사 내에서는 우수한 인재가 된다. 그러나 경력이 쌓일수록 연륜이 쌓일수록 이 회사가 평생 내 인생의 후반전을 보장해주지 않는다는 것이다. 그리고 자기 안의 나와 마주하며 질문을 해올 것이다. 지금 하는 일은 생계의 일 그 이상도 그 이하도 아니라고 말이다. 그러면서 자기의 인생을 준비한다. 대부분의 저자들은 독서부터 시작을 했다. 유성환 저자의 『인생을 바꾼 바인더 독서법 & 글쓰기』도 우리 같이 직장인들의 고민을 해본 사람으로서 조금 더 독서를 깊이 있게 풀어내기 위해 고민을 한 책이다. 인생의 중년 인생 지도를 책으로 그리고 있다. 변화가 필요하다고 생각한 순간부터 실행이다.

제일 먼저 변화를 위해 할 일은 참된 내 안의 씨앗 고르기이다.

농사를 지을 때 겨울은 쉬는 기간이 아니다. 봄에 씨앗을 심기 위해 준비를 하는 과정이다. 좋은 열매를 맺기 위해 좋은 씨앗을 고르고, 그중에서 더 좋은 씨앗을 또다시 고르는 작업을 거쳐야만 한다. 현재 자신의 위치에서 변화를 원한다면 씨앗을 선별하는 작업이 필요하다. 자신이 가지고 있는 씨앗 중 어떤 종류의 열매를 맺고 싶은지 고민을 해보고 씨앗을 골라야 한다. 나는 내 안에 어떤 씨앗을 심고 있는가? 나에게 질문을 해보자.

내가 좋아하는 재테크 책 『부자언니 부자특강』 저자 중에 부자 언니 유수진 님이 있다. 평범한 직장인들에게 부자되는 공식이 있다고 강조한다. 어릴 적부터 가난에 익숙한 삶이어서 그런지 이분의 재테크 강연은 뼈 때리는 진심어린 내용이 많다. 이분의 강연 중에 부자가 되기 위해 제일 먼저 해야 할 일은 부가가 되기로 마음먹는 일이라고 한다. 맞는 말이다. 자기가 원하는 욕망이 없는데 제아무리 좋은 강연과 좋은 정보를 준들 그것을 기회로 볼 것인가 말이다. 말을 물가에 데려갈 수는 있어도 직접 물을 먹게 못하듯, 직접 물을 먹어야 되는 말의 의지가 중요한 이유이다. 진정 변하고자 하는 자기 의지가 있다면 자기의 욕망이 있을 것이고 발전을 할 것이다. 대부분의 평범한 직장인들은 그럭저럭 회사생활에 만족하며 살아간다. 나 또한 그랬다. 그러나 변화가 필요한 시점이 왔다는 것은 네가 현재 문제가 있다는 것이고 그리고 답도 있다는 것이다. 그 답을 어떻게 찾을 것인가? 일단은 대부분의 사람들은 책을 보면서 시작을 할 것이다. 그럼 어떤 책을 읽을 것이고 어떤 식으로 정리를 할 것인가?

독서를 좋아해서 나만의 방식으로 읽었다. 좋아하는 책만 읽거나 그때 그때 끌리는 책을 읽었다. 주로 자기계발서를 많이 읽었던 것 같다. 왜냐하면 나는 힘들 때 나의 고민을 찾기 위해 책을 읽거나 내가 성장하기 위해 책을 읽었던 것이 많았기 때문이다. 책을 많이 읽다 보면 책 속에서 말하는 중요한 내용이 무엇인지 또 어떤 점이 좋은지 중요 부분은 줄을 긋고 빈 여백에 쓰고 필사를 한다. 그렇게 하는 방식이나 빨리 읽기 위한 속독법이나 중요하거나 필요한 부분을 발췌해서 읽는 발췌독이나 정독해서 집중해서 읽는 방식 등은 모두 독서의 한 방법이다. 그러나 바인더 독서는 조금 더 구체적인 나만의 기록지이다. 세부적으로 어떻게 독서 습관을 들여야 하는지의 기준이 되어준다. 바인더에 무엇을 기록해야 할지, 메인 바인더와 보조 바인더에 어떠한 기록을 할 것인지 생각해야 하며 여기에 본깨적 독서 기록을 적용해 독서법의 확장까지 가능하다. 메인 바인더에는 읽고, 해독하고, 쓰고, 실천을 위주로 작성을 한다. 내가 그동안 책을 무수히 읽었지만 지나고 나면 내가 어떤 책을 읽었는지 그 책에서 말하고자 하는 것이 무엇인지 시간이 지나면 까먹는다. 아들 셋 맘이자 나와 가치관이 비슷한 김유라 저자가 쓴 『아들 셋 엄마의 돈 되는 독서』도 이분이 어떤 책을 읽었는데 무수히 읽다 보니 한 번 읽은 책을 또 읽는 자신을 보고 기록을 해야겠다는 생각으로 블로그와 카페를 시작했다. 자신의 독서 기록을 남기다 책도 출간하게 되었다. 그만큼 우리 뇌의 한계를 극복하기에는 기록만한 것도 없다. 기록이 있었기에 우리가 옛 위인의 생각을 알 수 있고 먼저 살다간 어른들의 가르침을 경험하지 않더라도 깨닫게 되는 이유이다. 사람은 한번 태어나면 죽는 것이다. 한 평생의 사람의 이야기는 그 생이 끝나야 알 수 있듯이 그러한 기록들을 보면 성찰과 깨달음으로 세상을 바라보게 될 것이다.

나만의 북 리스트, 추천 도서 리스트, 마인드맵 정리 법, 신문자료 수집 및 스크랩, 아이디어 노트, 좋은 글 모음, 경력, 자격증 이런 식으로 자기만의 바인더를 구축한다. 오랫동안 바인더를 하는 저자들은 파일들이 서재를 채운다. 자기의 성취가 있을 것이다. 나 같은 여행 작가는 간 곳 느낀 점 추천 사유 등 '나만의 여행기록지'도 바인더로 남기면 나중에 그곳을 소개하거나 여행지 추천에도 다 도움이 될 자료이다. 세상에는 모든 게 기록이다. 그럼 구체적으로 기록을 어떻게 정리를 하면 좋을까?

마인드맵 정리법을 통한 정리는 책 한권을 한 장의 A1용지로 정리를 할 수 있다. 단기간에 독서 모임이나 책 한 권을 빠르게 분석하는 게 최고로 유용하게 써먹을 수 있게 정리를 하는 방법이다. 여기서 필요한 것이 책의 속독 방법, 유성환 저자는 손을 브이로 그려 책을 처음부터 끝까지 빠르게 넘기라고 한다. 그럼 책의 전반적인 느낌을 알게 되고 끝까지 한번 훑고 나면 한 권 읽었다는 성취감이 있다. 그리고 목차를 보면서 세세하게 마인드맵을 작성한다. 이때 필요한 것이 본깨적 방법이다. 본 것, 저자가 본 책의 내용을 정리하고, 깨달은 것, 내가 책을 읽으면서 깨달았던 사례들, 적용할 것, 내 인생에 적용할 만한 것 세 가지를 중점적으로 목차를 바탕으로 정리를 한다. 나는 이 방법은 처음 알았다.

이제 책을 읽고 쓰고 본깨적으로 바인더 정리까지 하면 나의 독서와 지식량은 체계적으로 확장되어 갈 것이다. 사실 이전 합병 전 CJ회사 문화 중 내가 좋아하는 팀별 독서모임 문화가 있었다. 여기서 본깨적을 이용해서 독후감을 쓰라고 했는데 그때는 이렇게 세세한 방법이 있는 줄도 몰랐다. 매월 나오는 사보를 보면 회사 내부의 전반적인 흐름을 알 수 있었고 또한 상담하면서 상담사들의 수기를 작성한 책들도 많았다. 다 직원들의 역량을 키우기 위한 자기계발에 있어서 독서는 중요한 역할을 한다.

북바인더는 크게 두 가지로 나눌 수 있다. 하나는 책 읽는 습관을 몸에 밸 수 있도록 하는 하나의 도구이고, 다른 하나는 지식 자서전 역할을 한다. 20대 대학을 다닐 때에는 내가 필요한 자료를 스크랩해서 파일을 작성했었다. 성공자의 말들, 내가 일에서 필요한 시장조사한 자료들 신문 스크랩자료들 그것들이 하나의 바인더였다. 나의 지식 바운더. 내가 지금 책을 쓰면서 새벽마다 감사 일기를 적고 나의 온라인 인스타, 블로그, 카페, 페이스북에 포스팅할 때마다 이것도 하나의 기록이 된다. 이제 매일 1일 책을 내용을 기록한다면 이 또한 지식이 엄청날 것이다.

그동안 오프라인에서 일만 한 내 삶이었다. 나는 사실 핸드폰으로 하는 것에 취약했다. 직접 눈으로 보고 경험하고 사는 나의 습관도 한몫을 했을 것이다. 온라인 쇼핑도 잘 안하니 말이다. 그 대신 아날로의 사고로 책은 꼭 사서 읽거나 도서관에서 필요한 책들을 읽었다. 도서관에서 강의가 있으면 육아휴직 기간이나 시간이 여유 있을 때 강좌를 들었다. 나는 필요한 강의를 찾아서 직접 들었으며 그것을 내 삶에 적용하려고 애쓰며 살았다. 뭐든 나를 키워야 내가 사회에서 더 필요한 존재가 된다고 생각했던 것 같다.

이제 나만의 바인더를 만들자. 그동안 온라인과 친하지 않았던 삶에서 이제는 조금 더 적극적으로 나를 알리자. 어차피 내가 책을 쓰는 것도 내 생각과 내 사고를 글로 풀어내면서 그 책속의 말들로 누군가에게는 도움이 되는 일이 아니겠는가! 독서를 하면서 내가 성장하고 있는 것처럼 이제는 나만의 바인드를 계속해서 하루 한 권 목표로 이제는 나의 지식자서전을 만들자. 누구나 가는 길에 똑같지 않은 나만의 바인더를 말이다.

03

새벽시간과 퇴근시간을 활용하라

책을 시간 내서 읽자고 하면 준비하는 데만 시간이 걸린다. 그냥 바로 읽는 것이다. 나는 책을 준비해서 읽지 않았고 가방 속에 항상 가지고 다니면서 틈날 때마다 읽었다. 이러한 습관은 무료한 시간을 할 일 없이 보내는 시간이 아까울 때 책을 보면 일석이조이다. 나는 세 아이의 워킹맘이다. 내가 좋아하는 독서를 할 때는 읽는 것이 얼마나 쉬운 독서였는지 책을 쓰면서 알았다. 책을 쓰면서 독자보다 저자의 위치가 책을 더 통찰력 있게 보게 된다. 그리고 하는 독서는 나의 삶을 더 큰 변화를 가지고 온다. 첫 책이 나오고 공저 포함 이번에 쓰는 책은 세 번째 책이다. 나 같은 전업 작가가 아니고 일과 병행하는 작가 엄마는 언제나 시간 간의 싸움이다. 첫 번째 책을 쓸 때도 없는 시간 쪼개서 매일 집중했다. 지금도 그렇게 적고 있다. 지금도 출근 전 새벽 4시 기상으로 감사 일기를 적고 자판기를 두드린다. 새벽 시간이 좋다. 나같이 아이 셋이 복닥복닥하는 아들 셋 집은 항상 시끌벅적하다. 그나마 활용할 수 있는 시간이 새벽 시간이다. 세상 조용한 나만의 시간이다. 아침에 모닝 알림이 울리고 내 몸은 무의식적으로 이미 깨어 있다. 책 쓰기 전에는 감사 일기와 독서와 새벽 운동을 했었다. 출근 전 나만의 꿀 같은 시간이다. 내가 일반 직장인들과 조금 다른 생각으로 미래를 바라보기 시작하면서 달라진 나의 루틴이다. 그리고 아이의 꿈을 위해 나는 더 강한 엄마가 되어야 하는 위치가 되면서 달라진 나의 일상이다. 하루의 24시간 중에 내가 미래를 준비하는 시간을 나에게 얼마나 주고 있는가 그것이 당신의 미래 모습을 말해 줄 것이다.

『커피 한 잔의 명상으로 10억을 번 사람들』오시마 준이치의 책이 나에게 말을 건다. 오늘 하루 너는 어떤 기분으로 살아갈래? 헐레벌떡 일어나 마지못해 출근해 주어진 일에 이리 저리 끌려다니며 오늘을 살래? 아님 네가 만든 그 시간 안에서 스스로 계획적으로 준비해서 오늘을 살래? 하고 말이다.

'인생의 성공은 머리가 좋고 나쁨의 문제보다 마음가짐에 달렸다'고 한다. 여기에서 마음가짐은 '성실하라', '정직하라', '근면하라', '강한 의지를 가져라' 같은 수양이나 도덕적 가르침과는 분명히 별개의 것이라고 한다. 나날이 발전하고 성장하는 사람들 중 한 사람이 될 수 있다고 한다. 행복한 사람, 풍요로운 사람, 성공한 사람은 잠재의식의 법칙을 실천하고 있는 사람들이다. 내가 매일 생각하고 되고자 하는 마음이 가득한 사람은 오로지 거기에 집중되어 있다. 왜 하고자 하는 목표가 있고 도전이 있다. 그것이 내 잠재의식에 있으니 내 몸이 거기에 맞추어서 행동을 하고 있다는 것이다.

지금 다니는 회사는 10년차 이다. 누구보다 성공하고 싶었던 나의 20대를 뒤로하고 결혼하고 아이를 낳고 육아하면서 일을 계속해서 하고 그리고 또 도전한 나의 일이었다. 아이가 둘이었고 나는 그렇게 또 내 나이 34세에 도전한 상담사 일이었다. 그 마음가짐이 중요한 이유이다. 처음에는 공채 100명 이상 사람들 중에 합격을 했고 또 교육을 받으면서 내가 우리 기수 중에 1등을 했다. 그러나 사람은 익숙해짐이 있으면 거기 안에서 적응을 하며 매너리즘에 빠진다. 매일이 그날 같고 어느 정도 성과는 매일 창출은 하나 뭔가 모를 그런 하루하루가 또 반복된다. 그러나 의식 있고 성장하는 직원들은 눈빛과 일처리 하는 것만 봐도 알 수 있다. 내가 그랬다. 10년 처음 시작할 때와는 달리 매일 익숙함과 고객의 말이 가시처럼 나를 찌르는 것처럼 느껴졌던 하루하루가 매일 같을 때는 일을 할 때부터 일하기가 싫다. 그러나 내가 오늘 새로운 마음 성장하고자 하는 마음으로 일을 시작할 때는 성과도 틀리고 고객에 대한 배려와 말투가 틀리다. 그러면 그것이 동력이 되어 나의 성과를 가져온다. 사람일이 다 내 뜻과 같은 것이 아니라 운도 내가 끌어당기듯이 늘 하는 것이 나의 밑거름이 된다는 것이다. 하루의 시작이 기분 좋음으로 시작하는 것이 중요하다. 내가 오늘 하루를 어떻게 시작하느냐에 따라 내가 이 소중한 하루를 오로지 나만의 것으로 만들 수 있다. 내가 사회생활을 24년 동안 하면서 사람과의 관계를 매일 보면서 늘 기분 좋고 배려 있고 성실하고 친절한 사람이 일도 잘하고 일에 있어서도 성과를 낸다. 왜냐하면 모두다 사람과의 관계이기 때문이다. 우리가 사는 사회가 모두 사회생활이라는 것이 사람과의 관계로 다 이루어져 있기 때문이다. 하루의 기분 좋은 시작은 언제나 나에게는 새벽이었다. 지금도 내가 행복한 생각과 행복한 마음으로 글을 쓰고 또 아이들을 깨우고 출근 준비를 하고 그렇게 시작하는 하루는 정말 행복하기 때문이다. 그 행복과 해맑음이 나에게 부와 행운을 또 가져올 것이기 때문이다.

일은 항상 내 일상이었다. 지독히도 가난한 내 가정환경이 나에게 준 최고의 선물은 일하는 행동력 누구에게 의지하지 않고 혼자서 실행하는 능력 여자지만 대장부처럼 사회에서 리더십을 요구하는 그런 책임자의 자리가 나에게 주어진 것은 이러한 어릴 적 뭐든지 혼자 하는 나의 정신력과 생활력에 바탕이 있을 것이다. 일할 때 말고는 주로 나의 취미는 노래를 듣거나 책을 보거나 했다. 책은 나의 친구이자 애인이자 멘토이기 때문이다. 20대 시절 전국의 롯데마트에서 근무할 때 일 마치고 근처에 서점이나 도서관이 있으면 언제나 혼자 거기서 책을 보거나 마음에 드는 책을 구매했다. 또 마트 내에는 책을 판매하는 코너가 있기 때문에 쉬는 시간이나 내가 조금 한가한 시간에는 거기서 새로 나온 책을 보거나 할 수 있다. 일에서 조금의 안식을 주거나 내가 혼자서 말을 건네는 사람들은 언제나 책 속의 사람들이었다. 지금도 나는 사회에서 어엿한 직장인으로 살아가는 평범한 직장인이다.

지금 내가 일하는 곳이 부산 서면의 시내이다. 이전에 지방서점 동보서적이 있을 때도 책이 좋아 자주 갔었지만 지금은 영광도서만 그 자태를 당당히 빛내고 있다. 대형 서점 교보문고나 영풍문고와 다른 독립적인 자기만의 색깔로 그 명성을 유지하고 있다. 지금은 예스24 알라딘 교보문고가 있어 퇴근하면서 집에 갈 때 내가 끌리는 서점으로 발길을 옮겨 책을 볼 수 있다. 새로 나온 책들과 자기만의 스토리로 가득한 책방에서 나는 오늘 일하면서 쌓인 스트레스를 푼다. 책들이 내 안의 시름을 내려놓게 한다. 책 제목들이 내 맘을 이해한다고 말해준다. 아이들 저녁 해주러 빨리 가야 되기 때문에 오랜 시간을 머물 수가 없다. 이때는 잠깐이라도 책 제목과 요즘 나오는 책의 흐름을 보고 잠깐 발췌독을 하고 30분

내지 1시간 내로 후다닥 읽고 간다. 그리고 우리 집 근처 부산대 다사랑 문고가 있다. 여기는 내가 조금 걷고 싶거나 할 때 퇴근하면서 잠깐 들러서 책보고 집으로 한 코스 정도 걸어간다. 처음부터 내게 이런 시간이 주어지진 않았다. 아이들 셋을 14년 동안 낳고 키우고 어느새 아이들이 엄마의 손길보다 자기만의 세계가 커지고 혼자서 할 수 있는 일들이 많아지며 나의 시간이 점점 생기고 있는 것이다. 그러면서 나는 20대에 일을 마치고 혼자 책방 가서 책보고 했던 일상을 40대 이후에도 할 수 있게 된 것이다.

보통 직장인들이 하루 종일 지친 몸을 이끌고 집에 와서 저녁을 먹고 TV를 보고 그러다 잔다. 그러나 우리 집은 TV가 없고 아이가 셋이다 보니 저녁을 일단 먹고 아이들 숙제를 봐주거나 알림장을 봐준다. 그리고 내가 아이들에게 꼭 하루 한 권이라도 책을 같이 읽으려고 하는 이유가 있다. 내가 책을 읽고 많이 깨닫는 것처럼 아이들이 책을 읽고 그 재미를 알았으면 하는 바람이다. 그러나 아이들의 성향이 다 다르듯이 내가 아무리 책이 좋다고 강조해도 요즘 아이들은 자기 소신대로 하고자 하는 것을 한다. 나는 다만 책을 읽을 수 있는 환경을 그래도 계속 노출을 해주는 것이다. 책이 자기 머리맡이나 책상이나 거실이나 식탁이나 항상 함께 하는 것처럼 말이다.

평범한 직장인은 책을 항상 가까이 하기가 힘들다. 중요하지만 급하지 않은 일중에 운동이나 자기계발이 있다. 나의 미래를 위한 준비의 시간이다. 시간을 어떻게 활용하는지에 따라 내 미래가 달라진다. 지금 내가 좋아하는 글쓰기를 하는 것도 항상 배움에 실천하는 삶이 있었다. 내가 좋아하는 것을 매일 할 수 있는 일상을 그리기 위해 나는 오늘도 책을 읽고 책을 쓴다. 책이 좋았고 독서가 좋았던 나날들이 이젠 내 삶에 꿈의 작가라는 삶을 안겨주었다. 나의 풍요로운 미래를 꿈꾸며 나는 출근 전 새벽 독서를 하고 책을 쓰고 또 열심히 생계의 일을 하고 또 마치고 잠시 책방에 들려 나의 미래와 이야기할 것이다. 또 집에 와서는 잠들기 전 내 서재들의 책들을 보면서 이야기할 것이다. '나와 미래를 함께 하자꾸나 사랑하는 내 책들아' 하고 말이다.

04

출퇴근 자투리 시간 활용법

　매일 아침 출근하는 직장 생활을 20대 이후부터 지금까지 해오고 있다. 다람쥐 쳇바퀴 돌 듯 반복되는 생활이었다. 40대 중반에 들어서면서 '나는 언제까지 이렇게 매일 출근하는 아침을 살아야 하지?'라는 의문을 갖기 시작한 어느 출근 길, 나의 변화는 시작되었다. 나는 하는 일 없이 헛되이 보내는 시간이 없다. 그게 나의 장점이자 단점이다. 무심코 흘러가는 시간 짬짬이 나에게 필요한 일을 하고 있다. 내가 꼭 해야 되는 일이나 나의 성장을 위한 일 말이다. 하루는 누구에게나 똑같이 24시간이 주어진다. 그러나 어느 사람은 그 시간을 1분 1초라도 48시간처럼 쓰는 사람이 있을 것이고 어떤 사람은 24시간 중 12시간 절반이라도 1시간도 버거워서 시간에 쫓기듯 사는 사람도 있을 것이다.

직장인은 일하는 시간이 정해져 있다. 아침 9시부터 6시까지 점심시간 제외한 8시간을 근무 한다. 특별히 야간근무를 하거나 교대 근무를 하는 직종은 일하는 시간대는 다를 수 있으나 누구나 대한민국 사람이라면 근로시간이 정해진, 주어진 시간에 일을 한다. 회사 안에서의 일은 자기의 역할에 맡은바 책임을 다하고 근무를 하면 된다. 그러나 일하는 시간외에 우리는 뭘 해야 할까?

우선 아침시간이다. 한 취업포털 사이트의 설문조사에 따르면 우리나라 직장인의 하루 평균 통근 시간이 101분이라고 한다. 대부분의 직장인은 자가용으로 출근을 하거나 대중교통을 이용하거나 아니면 도보로 출근을 할 것이다. 그 시간이 길면 출근이 힘들다고 할 수 있을 것이다. 그러나 생각을 달리 해보자. 나는 다른 사람보다 출근 시간이 조금 더 많으니 나만의 공부를 해보자. 어차피 회사로 출근하는 아침 시간은 빨리 준비해서 남보다 조금 일찍 출발했기에 대부분의 직장인은 아침시간은 그렇게 흘러간다. 그렇다면 출퇴근 자투리 시간을 어떻게 활용하면 더 좋을까? 최대한 활용할 수 있는 방법이 있다.

첫째 오디오 콘텐츠 활용하기.

많은 분들이 이어폰을 이용해 음악을 듣거나, 영상을 본다. 늘 듣는 노래가 지겹거나, 영상을 보면서 눈의 피로감을 느낄 때, 또 움직이는 대중교통 안에서 책을 읽기 힘드신 분들은 오디오 콘텐츠를 이용해보자. 요즈음은 오디오 콘텐츠의 가능성이 커지면서 도서 내용을 30분 내외로 요약해주거나, 유명인들이 낭독해주는 오디오북 등 다양한 오디오 콘텐츠들을 만나볼 수 있다. 시간과 장소에 구애받지 않고 자투리 시간활용에 효과적이다.

둘째, 스케줄 정리하기.

출근하기 전 오늘의 할 일을 정리하면 업무의 효율성이 높아진다. 출근 전의 마음가짐과 오늘의 목표달성을 위해 내가 어떻게 일에 임해야 되는지 다시 한번 되새기면 일하러 가는 시간이 기분 좋을 것이다. 기분 좋은 아침은 또한 내가 하루 종일 기분 좋음을 유지 시켜주는 좋은 윤활유가 된다. 특히 나는 그랬다. 아침을 내가 기분 좋은 것들로 가득 채우며 시작한 하루는 고객 상담을 할 때도 그 에너지가 전해져서 고객에게 내가 제안하는 영업이나 마케팅을 할 때에 성과도 더 높아졌다. 그리고 주변에 상담을 잘하거나 성과가 좋은 분들은 하나같이 긍정적이며 자기 안의 열정이 가득한 분들이 많았다. 기분 좋은 아침이 무엇보다 그 하루를 시작할 수 있는 힘을 기를 수 있다.

셋째, 세계적인 지식인 강연듣기.

매일 똑같이 출근하는 아침 길에 항상 기분 좋을 수가 없듯이 삶의 의욕이 없을 때 삶의 목표를 다시 생각하고 열심히 살아야겠다는 의지를 새길 수 있는 세계적인 지식인들의 강연 어플 TED, 또는 세바시 또는 유튜브의 각종 예술가, 교육가, 기술자 등 각 분야 전문가들이 들려주는 산업 트렌드, 일상 스토리 등을 다양하게 접할 수 있다. 시간 내서 언어공부하기 어려운 분들은 다양한 나라의 자막이 동반되어 있기 때문에 출퇴근 시간에 영어, 중국어 등 언어 공부가 가능하다.

넷째, 틈새 운동하기.

버스나 지하철 등 대중교통을 이용하면 잠시 기다려야 하는 시간들이 생기는데 출퇴근 자투리 시간을 이용해서 제자리걸음이나 발끝으로 서기 등 간단한 운동을 통해서 칼로리를 소모한다면 건강에도 좋다. 내가 자가용이 있지만 지하철로 출근하는 것도 차 막히는 시간도 아까워서 그렇지만 지하철로 출퇴근하며 그나마 걸으면서 내 몸을 움직이고 내 몸에 활력을 넣을 수 있어서 건강과 내 기분 좋음을 유지할 수 있기 때문이다.

다섯째, 스마트폰 활용하기.

그날의 뉴스를 체크하거나 주식의 흐름을 파악하기. 세상의 이슈를 알고 경제의 흐름을 아는 것은 내가 바라볼 수 있는 시야와 관점이 넓어지는 것이기 때문에 꼭 필요하다. 또한 업무와 관련된 자격증을 공부하고 있다면 출퇴근 자투리 시간을 활용해서 온라인 동영상 강의 공부를 하는 것도 도움이 된다.

직장인이 자기계발을 하는 이유는 자기만족, 업무역량 높이기, 이직 등 본인의 가치를 높이기 위해 많은 노력을 한다. 단순히 하나의 습관을 바꿈으로써 그것을 시작으로 많은 변화가 이루어진다. 나도 그랬다. 대학교를 다닐 때는 무엇보다 학교에 충실하며 필요한 자격증을 땄고, 직장에 다니면서도 내가 필요한 강의가 있으면 서울 본사까지 다니며 교육을 지원을 했으며, 직장을 옮길 때마다 내가 필요한 회사 내의 자격증을 취득했다. 또한 내가 좋아하고 관심 있어 하는 취미를 위해 일하는 시간 외에 자격증을 땄으며 늘 내 안의 나에게 질문을 하며 내가 행복한 일들을 위해, 나를 위해 또는 내 미래를 위해 준비를 했다. 내가 책을 좋아해 지금 글을 쓰는 이 행복한 새벽 시간이 좋은 것처럼 말이다. 사람은 자기가 좋아하고 관심 있는 것만 보며 산다.

내가 결혼하고 아이를 가졌을 때는 세상 처음 만나는 엄마라는 역할이 무엇인지 모를 때였다. 한창 임산부로 내 몸의 변화가 일어나고 배부른 임산부일 때는 내 눈에 임산부만 보인다. 그리고 내가 책을 좋아하니 예쁜 서점이나 다양한 책이 많은 공간을 찾게 되고 말이다. 같이 일하는 동료 언니는 나이보다 순수한 마음의 소유자이다. 젊은 애들이 좋아할만한 요즘 핫한 방탄소년단을 좋아한다. 나이가 50대여도 자기가 좋아하니 콘서트를 챙겨보고 자기가 좋아하는 연예인의 공연을 보기 위해 일본까지도 간다. 다른 사람은 어떻게 그럴 수가 있지 하는 부분도 사람들마다 좋아하고 관심 있어 하는 것이 다 다르니 자기가 보고 싶고 하고 싶은 것을 찾으며 자기 삶을 주관대로 살아가고 있다.

나는 직장인의 삶으로 어느 소속 안에서 내 역할을 충실히 수행해왔다. 그것이 직장인의 안전함이나 딱 어느 한계의 수입만 정해져 있다는 것이다. 사업가들의 생각과는 완전히 다르다. 내가 창업하고 노력하고 어떤 아이템으로 창업하느냐에 따라 자기의 수입을 무한대로 설정할 수 있다는 것이다. 그래서 나는 이제 내 미래를 준비하며 나만의 자기계발을 나름 하고 있다. 매일 아침 출근하는 길을 걸으면서 이어폰으로 좋은 아침 강의를 짧게나마 들을 수 있다. 세바시나 유튜브에서 좋은 강의를 10분에서 15분 정도 청취한다. 그리고 지하철로 이동하는 시간대는 책을 보거나 아니면 요즈음은 내가 좋아하는 인스타에서 책 속의 좋은 말들이나 명언들로 콘텐츠를 생산하고 소통한다. 다리는 계속 직장을 향하지만 내 눈과 귀는 계속해서 열린 공부를 하고 있는 것이다. 이미 출근하기 전에 나는 새벽 기상과 내가 하고 싶은 책들을 보고 또 글을 쓰고 기분 좋게 커피 한 잔 명상으로 하루를 이미 시작했지만 말이다. 자기가 좋아하는 시간대는 자기 스스로 찾는 게 중요하다. 지하철 출근길에서 사람들의 대부분이 스마트폰을 켜고 있다. 게임을 하는 사람, TV나 영화를 보는 사람 자기만의 정보를 공부하는 사람, 한 번씩 책이나 공부하는 서적을 들고 다니는 사람 다양하다. 중요한 것은 자기 스스로 생각을 하고 사는 것이다. 나는 어릴 적부터 뭐든지 혼자서 해내야 하는 환경이어서 그런지 스스로 다음에 펼쳐질 내 미래를 위해 계속해서 고민하고 생각을 했던 것 같다.

누구에게나 주어지는 24시간이다. 더더군다나 일반 직장인들은 일하는 시간도 정해져 있다. 코로나로 세상의 흐름이 바뀌고 있다. 비대면 시대 세상의 중심이 이동하고 있다. 그동안 해왔던 방식과 습관을 바꾸라고 한다. 판이 바뀌고 있다. 변화에 적응하며 살아온 무수한 세월들이 이제는 더 크게 바뀌어야 된다고 한다. 내 안의 내가 소리친다. 직장인의 삶으로 살아온 24년간의 세월이 말해준다. 그동안 그렇게 자기계발을 해온 것의 결과를 이제는 드러내라고 말이다. 나에게 시간을 죽이는 일은 없다. 나에게 소중한 황금 같은 시간은 나는 매일 살리는 시간이다. 직장인의 반복된 생활 속에 틈틈이 나만의 소중한 시간들을 10분이든 20분이든 이제는 자기성장을 위한 시간을 만들자. 매일 아침 출퇴근하는 그 소중한 10분을 어떻게 활용하느냐에 따라 당신의 미래도 변화될 것이다.

05

점심시간 잠깐 10분 투자하기

직장인들에게 나만의 꿀 같은 시간은 점심시간일 것이다. 업무에 나만의 행복한 점심시간이다. 직장을 오랫동안 다니다 보니 매일 사먹는 밥도 입에 물리고 우리같이 주어진 시간 내에 밥을 먹어야 하는 일반 직장인들은 기다리는 시간도 아깝다. 일반 회사원이 아니고 나는 콜센터 상담사이다. 정해진 시간에 모든 일을 해야 하는 업무이기 때문에 꿀 같은 나의 시간은 기다리는 시간으로 보내기에는 1분 1초도 아깝다. 그래서 나는 도시락을 싸서 다닌다. 같이 밥을 먹는 직장 동료 언니들은 나랑 같은 생각을 가지고 있다. 그러나 아주 피곤한 날이나 도시락 준비로 빠듯한 월요일은 그냥 한 번씩 나가서 밥을 사먹기도 한다. 책을 늘 들고 다니고 있는 나에게는 이렇게 도시락을 먹고 회사 근처에서 햇빛 샤워를 하며 10분에서 20분 정도 걷고 사무실에 들어오면 업무 시작 전 10분 정도는 시간이 남는다. 그럴 때는 매일 들고 다니고 요즘 읽고 있는 책들을 한 페이지라도 읽는다.

　내가 사람 상대만 오래 해온 서비스업을 하다 보니 나에게 생긴 루틴이다. 매일 사람들의 이야기를 집중해서 경청을 한다. 내 기분이 좋지 않으면 상대방도 그렇게 느낀다. 그래서 나의 감정을 먼저 알고 내가 스스로 조절할 줄 알아야 한다. 콜센터 상담일은 업무도 업무지만 상대방이 쏟아내는 그 감정을 못 견디어 하는 후배들이 많다. 그래서 1년을 버티지 못하고 나가는 신입사원들도 엄청 많다. 내가 10년 이상을 해온 일이지만 나도 매번 좋았던 적이 많지는 않았다. 나를 무너뜨리는 고객도 만났고 내 자존심을 바닥까지 깔아뭉개는 사람들이 주는 상처에 울기도 했었다. 내가 없어진다는 것이 이런 것이구나!라고 느꼈던 적이 많았던 세월이었다. 결혼 전 일을 할 때도 그랬고 지금은 결혼한 엄마가 되고 나서도 그렇고 나는 책임감이 강한 사람이다. 회사에서 일어나는 모든 일들은 끝이 있고 목표가 있고 결과가 있다. 내 감정을 위한다고 하지만 사회는 엄연한 사회다. 내가 느끼는 감정보다 고객의 감정이 우선이다. 그리고 나의 감정은 스스로 해결을 해야 한다. 그러면서 나는 내 스스로 푸는 방식을 산책이나 내가 좋아하는 커피 한잔이나 내가 좋아하는 여행이나 그 힘든 감정이 왔을 때도 기분 좋을 행복한 주말의 행복으로 기분을 전환한다. 다 지나간다. 내가 반응을 하지 말자. 어차피 이 일은 내가 필요해서 선택한 생계의 일이다. 내가 사회에서 필요한 것은 사회에서 필요한 일을 해주고 너는 거기에 합당한 월급만 받아 가면 그뿐이다. 그러면 한결 수월하게 지나간다. 그렇게 흐른 세월이 벌써 10년이다. 아직 자기의 감정을 조절하기 힘든 사람들은 통화를 하면서도 그 감정을 주변사람들에게까지 전염시킨다. 그러면 주변사람들도 다 같이 힘들어진다. 그것은 자기감정 관리를 잘못하는 그 사람의 반응들이다. 내 감정을 기분 좋음에 맞춰야 하는 이유이다.

책을 잠깐 10분이라도 읽는다고 뭐가 달라질까 라고 생각을 하는 사람들이 있을 것이다. 그러나 책을 읽는 동안 내 감정은 책 속에 빠진다. 기분 전환이 된다. 이때 읽는 책은 가벼운 책이다. 어렵고 집중이 필요한 책은 조용한 집중이 잘되는 새벽시간이나 마음 잡고 도서관이나 갔을 때 깊게 읽어내는 편이다. 즐거운 점심시간의 기분 좋음을 유지하는 게 오후 5시간 또 열심히 일을 하고 업무에 성과를 내게 한다. 우리가 놓치는 10분의 힘이 큰 이유이다.

인생을 바꾸는 순간 몰입 38법칙 『하루 10분 독서의 힘』 임원화 님의 책에서는 말한다.

"단 10분일지라도 몰입하라. 몰입이란 '아프리카 초원을 거닐다가 사자와 마주한 순간의 상태'이다."라고 했다. 몰입 독서란 시간이 가는 줄 모르게 읽다가 어느새 밤을 샐 정도의 열정이 더해진 독서다. 몰입 독서 상태가 되면 밤을 새도 피곤하지 않다. 오히려 책에서 흡수한 무언가에 가슴이 벅차고 설렌다. 정신이 맑아지고 더 힘이 생긴다. 내가 일을 할 때 아무것도 신경 쓰지 않고 오로지 일에만 집중하는 것처럼 몰입 10분의 독서는 그 순간 바짝 몰입해서 책 속의 글들을 읽어낸다. 그리고 다시 시작된 1시 새로운 고객들을 위해 외친다. '반갑습니다 고객님 무엇을 도와드릴까요?' 나의 기분 좋음이 상승한다. 그리고 나는 내 일에서 성과를 낸다. 대충대충 일을 하지 않고 제대로 해야 한다. 책을 읽을 때도 일을 할 때도 말이다. 그리고 내가 쉬는 주말에는 오로지 내가 하고 싶은 것들로 채우는 시간을 갖는다. 그것이 평일을 열심히 살아갈 수 있는 직장인들의 삶이니깐 말이다.

우리가 매순간 흘러 보내는 24시간 중에 당신이 하루 중 무의미하게 소모되는 10분에 대해 생각해본 적이 있는가? 만약 하루에 10분만 독서에 몰입한다면 과연 어떤 일들이 일어나게 될까?

비단 점심시간에 국한된 시간이 아니라도 우리가 매순간 순간의 나의 선택에 의해 이루어진 것이 현재의 결과다. 24시간 똑같이 사람들에게 주어진 시간 속에 내가 너의 미래와 너의 행복을 위해 단 10분이라도 생산적인 일을 하고 있는가? 시간을 살리는 일 말이다. 시간을 죽이는 일 말고 말이다.

　나는 아이 셋을 낳고 기르면서도 자기계발을 계속해서 했다. 아이도 성장하고 나도 성장하기 위해서이다. 10년 간 아이 셋을 낳고 기를 때는 독서가 제일 편한 자기계발이였고 그리고 내가 좋아하는 저자 강연이고 그리고 내가 필요한 자격증 취득이다. 그리고 계속해서 사회에서 내가 필요한 생계의 돈은 계속해서 번다. 내 미래를 위해서 말이다. 일, 육아, 자기계발을 계속해서 하려면 시간관리가 우선이다. 뭐가 최우선이고 뭐가 더 중요한지 일의 중요도를 알아야 되며 나는 거기에 합당한 내 시간을 분배한다. 내가 지금 글을 쓰는 새벽 4시에서 출근 전 6시 전이 나에게 제일 글쓰기 좋은 시간임을 알고 내가 실행하듯이 말이다. 이렇게 내가 이끌어가고 있는 오늘의 새벽이 나의 현재를 말해주고 그리고 기대되는 나의 미래를 말해줄 것이다.

　10분의 힘은 크다. 그 안에 담긴 시간상의 크기는 미미할지 모르나 거기에 내포된 내 안의 힘은 무한한 성장의 힘이며 긍정의 힘이며 나를 살게 하는 위대한 힘의 시간이다. 꾸준함의 힘이 크듯 성장하는 에너지는 거기에 노력이라는 결과를 반드시 줄 것이다. 내가 점심시간을 통해서 책을 늘 가까이 하지만 내 주변 일을 잘하고 자기관리 잘하고 노력하는 사람들은 대부분 책을 읽는 것을 알았다. 회사 합병 전 CJ조직 문화 중 독서모임을 매달해서 '본깨적' 보고, 깨닫고, 적용할 것을 참조해서 책 선정을 하고 책 내용을 짧게나마 팀별로 제출하라고 했다. 우리같이 매일 서비스업을 하다 보면 자기 내면의 수양이 더 필요하기 때문에 독서문화나 그리고 CS강연들을 강사들을 초청해서 강연을 해주고 새벽에 독서모임도 열어 다 같이 아침에 강의도 들은 적이 있다. 이렇게 회사 내에서도 직원들에게 하는 강연들로 직원들의 역량을 고취시키고 성과를 내게 하는 이유일 것이다. 회사도 성과를 내는 집단이며 어느 조직문화가 다 그러하듯 사람이 재산이다. 한 사람의 역량으로 그 팀의 분위기와 역량이 달라진다. 그리고 그 역량을 키우는 일에 독서만한 것도 없다. 사람의 생각이 그 사람의 행동을 달라지게 하기 때문이다. 내가 움직이고 행동하는 모든 이유에는 나의 생각이 있는 것이다. 그 생각을 끊기 위해 우리는 행동이라는 결과를 가져온다. 실행이 답인 것이다. 생각만 하다가 세월은 흘러가기에 무엇을 시작하듯 내 실행만이 나의 성공의 밑바탕이 될 것이다.

나는 지금 내 인생의 2막을 위해 나의 모든 시간을 미래에 투자하기로 했다. 나에게 주어진 24시간이라는 시간 내에 생계의 일과 가사일 말고 모든 내 정신은 자기계발, 즉 현재 작가로서의 글을 풀어냄에 집중하고 있다. 내 이야기이다. 어느 누구의 인생이 똑같지 않듯이 나의 인생 이야기이다. 그동안 나를 키워준 많은 책들이 나를 성장시켜주었듯이 이제는 나의 책이 어느 누구 한 사람에게 도움이 되었으면 하는 마음이다. 책을 많이 읽어야 하고 그 읽어야 하는 시간을 만들어야 하고 생각을 해야 하고 그리고 글로 풀어내야 한다. 일반 우리네 평범한 직장인들은 내게 주어진 그 토막 시간을 활용해야 한다. 그리고 꿀 같은 점심시간의 10분 책 읽는 습관은 매일 매일이 모여 나의 미래를 풍요롭게 해줄 것이다.

06

매일 아침 필사로 하루를 시작하라

'낙숫물이 바위를 뚫는다.' 매일 하는 것의 힘을 말해준다. 그렇다 우리
는 누구나 꾸준함의 힘을 안다. 안 그러면 이루기가 힘들기 때문이다. 매
일 나를 이기는 하루를 시작하는 오늘도 나는 새벽 기상과 감사 일기로
시작한다. 일하랴, 아이 키우랴 몸이 힘들지만 그래도 나는 나를 일으켜
세운다. 나의 인생을 일으켜 세운다. 항상 그랬다. 나는 힘들수록 더 나
를 매몰차게, 강하게 밀어붙인다. 나의 한계를 실험하기 위함이니라. 아
니면 나를 강하게 자극하는 힘이 필요하기 때문이다. 모닝 알람이 울리
고 드는 생각은 2가지이다. 무의식적으로 내 몸은 알람소리에 반응을 한

다. 바로 일어난다. 나머지는 알람은 끄고 침대에 조금 더 눕고 싶다는 생각이다. 내 몸의 컨디션이 좋은 날은 바로 일어나나 매일 지치는 일상과 일에 치여 요즈음은 매일 아침이 천근만근이다. 일도 새로운 일에 적응하다 보니 하루 종일 5시간 이상 앉아서 집중하다 보면 내 어깨와 허리가 움직여 달라고 아우성을 친다. 그러나 일을 주어진 시간에 끝내야 되기에 나는 집중해서 일을 끝낸다. 지금의 나의 생활은 전투 같은 마음으로 임하고 있는 것 같다. 힘든 나의 몸을 일으키는 내 안의 나와 더 발전하라고 부추기는 나와 매일을 마주하며 새벽을 깨우고 있다.

내가 오늘을 잘 살기로 마음을 먹었다. 그러면 이제 나를 일으키는 내 안의 긍정적인 마음으로 감사 일기를 적는다. 그리고 찌들어 있는 나의 마인드를 부의 확신을 위한 책을 필사를 한다. 책을 눈으로 본다는 것과 손으로 쓰는 것은 나의 뇌에 강하게 한 번 더 자극을 주는 것이다. 책에서 알려주는 내용을 받아들이며 내 안의 깊은 나와 공감하며 내 마인드의 의식을 확장시킨다. 나는 의식공부를 제대로 한 적이 없다. 다만 책에서 나오는 내용들이 나의 몸과 마음에 아로새긴다. 우리가 하는 생각이 제일 중요한 이유이다. 사람마다 생각들이 다르듯이 생각을 바로 해야 내 행동을 제어할 수 있기 때문이다. 사람의 행동은 다 그 하나의 생각을 통해 변화하기 때문이다.

『나의 삶을 바꾸는 필사 독서법』의 저자 김경화 작가님은 이렇게 말을 한다. 매일 아침 필사를 하면서 책 읽기가 더 기대되는 것, 책 읽는 습관을 더 단단하게 뿌리를 내려주는 것이라고 말이다. 필사를 하면서 몸속에 모든 나쁜 것들은 글을 쓰는 순간 손끝으로 흘러나간다. 필사로 스트레스와 부정한 마음을 잘 흘려보내고 마음을 정화한다. 또한 필사는 필력을 향상시키고 책을 쓰는데 큰 도움이 된다고 한다. 거듭되는 연습과 꾸준함으로 멋진 책을 쓸 수 있는 준비를 한다. 책을 쓰는 과정에서 내가 그동안 읽었던 독서와는 다른 시각으로 이제 내 이야기를 풀어나간다. 누구나 좋은 글을 쓰고 싶고 좋은 말들로 독자들에게 알려주고 싶어한다. 그러나 가장 나답게 매일 나를 들여다보며 너무 잘하려고 하지 말고 힘을 빼고 내가 지금 현재의 상태에서 최선의 방법이 무엇인지 생각하고 무덤덤하게 그렇게 나를 표현해보자. 작년에 추천 책으로 보았던 『3개의 소원 100일의 기적』 이시다 히사쓰구 님의 책을 보고 책과 함께 온 시크릿 노트에 책을 읽으면서 매일 적었다. 내가 꼭 이루고 싶은 소망 3가지를 그렇게 매일 적었다. 그때 적은 소원이 진짜 한 가지는 이루어졌다. 참 신기한 일이다. 이 소원을 적는 것은 내가 내 안의 나에게 계속 주입을 시키는 것이다. 그것들을 계속 끌어당김으로써 소원을 이루어지게 하는 힘이 있는 것 같다. 그때 적었던 3가지 소원은 첫 번째, 나는 3년 안에 월 3천만 원을 달성하였고 경제적 부를 만드는 시스템을 달성했다. 두 번째, 나는 1년에 한 번씩 해외여행을 떠나서 맛있는 식사와 풍경을 봤다. 세 번째, 주변에는 함께 발전하는 부자 사람들이 함께하고 같이 성장하는 하루하루가 행복하다. 여기서 세 번째가 달성이 되었다. 작년에 책을 쓰고 거기서 만난 각계각층의 멋있는 사람들과 2달에 한 번씩 작가모임도 갖고 서로 성장하는 밑거름이 되는 정보를 공유하며 열심히 만남을 유지하고 있다. 다 같이 성장하고자 하는 에너지가 넘치기 때문이다. 또한 첫아이가 꿈을 찾아 야구선수라는 꿈을 키우면서 같은 꿈을 꾸는 아이들의 서로 좋은 영향으로 발전하는 모임도 함께 한다. 그러니 이 또한 이루어진 것이다. 매일 쓰는 필사의 힘이 주는 기적일 것이다. 내가 생각하고 그것을 필사하고 내 정신에 새기고 시작하는 아침은 매일 새롭다. 나는 그렇게 매일을 새롭게 태어나고 있는 것이다.

『김밥 파는 CEO』 김승호 회장님의 강연을 유튜브에서 본 적이 있었다. 강의장 안의 꽉 찬 사람들 대부분 사회 각계각층에서 조금씩은 알 만한 사람들일 것이다. 김승호 회장님이 말을 한다. 자기의 꿈을 매일 100번씩 쓴 사람이 있는가? 그것을 매일 보고 가지고 다니고 있는 사람이 있는가? 청중들에게 질문을 하는 모습을 본적이 있다. 이 내용하고 같은 맥락일 것이다. 그 수많은 사람들 중 그렇게 꿈을 꾸고 매일 쓰는 사람이 있다고 손을 들고 그리고 손수 적은 메모를 들고 발표를 한다. 그렇게 수많은 사람들 중에 매일매일 미래를 보며 쓰는 사람이 있다는 것이다. 그렇게 절실히 매일 생각하는 사람은 성공할 것이다. 매일 내가 하고 싶은 꿈을 매일 100번씩 쓰는 것은 힘들다. 그러나 그것을 해내는 사람은 뭐든지 해낼 수 있는 사람이다. 그만큼 절실할 것이다. 그만큼 강하게 꿈을 꾼다는 것이다.

　내가 좋아하는 멘토 김미경 작가님의 강연을 주로 들으면 재미있는 강연 좋은 내용들도 많지만 매일 하는 강연 내용 중에 하는 말이 있다. 남들 놀러가고 다른 일들도 수만 가지가 많지만 여기 강의 들으러온 당신들이 최고로 훌륭하다고 말이다. 그래서 옆 사람들에게 함께 칭찬을 나눈다. 바쁜 일들 중에 그래도 자기 계발을 위해 노력하는 자신에 대한 칭찬을 하는 것이다.

　나는 아침을 좋아한다. 남들보다 빨리 시작하는 것이 좋았다. 아무도 없는 이 시간의 고요함이 좋았다. 내가 대학교를 다닐 때도 먼 거리 때문에 일찍 준비했었고, 졸업 이후에도 사회생활을 오래도록 하면서 내 스스로에게 만들어진 루틴이다. 결혼하고 아이 셋을 낳고 기르고 직장을 계속해서 다니면서 매일 나를 세웠던 독서습관이 나를 여기까지 있게 한 것이다. 나는 손에서 책을 놓지 않았다. 할 일 없이 보내는 시간이 아까웠기 때문이다. 나는 아까운 시간들을 나의 발전된 미래를 보며 늘 생각하며 살아왔던 것 같다. 미래에 뭘 먹고 살까 늘 그렇게 불안한 미래만을 보며 현재를 살며 나에게 힘든 날 괴로운 날도 많았지만 그래도 나는 현재의 모든 내 선택을 후회하지 않는다. 그것이 내가 살아온 현재의 결과이니까 말이다.

　남들과 비교했을 때 남들이 부러워 할 내 집 한 칸은 있고 내가 사랑하는 남편과 사랑하는 아이들이 셋이나 되니 말이다. 여담으로 20대 운전면허증을 따야겠다고 생각을 했었다. 그때에도 나는 미래에 먹을 것이 없으면 야채장사나 해야지라고 생각하고 남들은 2종 시험 볼 때 나는 1종을 취득했다. 지금 내가 12인승 스타렉스를 남편이 급하게 술을 먹게 되거나 할 때 내가 운전하는데 요긴하게 쓰인다. 세상에 버릴 것이 없다. 배움은 말이다.

　인생 40대 중반을 사회생활의 구성원으로 살아보니 정말 많은 일들을 했다. 생계를 위한 모든 일이었다. 어느 순간 내가 벌 수 있는 직장인의 월급으로는 한계가 있었다. 아이들에게 더 많은 것을 경제적으로 지원할 수 있는 대부분이 사람들은 내가 하는 사업으로 돈을 버는 사업가일 것이다. 그래서 시작한 요즘의 새벽필사는『자본 없이 콘텐츠로 150억 번 1인 창업 고수의 성공 비법 필사 노트』나의 구세주 김도사 님의 필사책이다. 이전에『새벽 5시 필사 100일의 기적』책도 매일 100일 동안 새벽에 기상하면서 필사를 했다. 이제는 새벽 기상과 필사가 익숙하고 책을 쓰면서 그 안의 좋은 말과 가르침으로 내 안의 자아를 깨우며 시작하는 아침은 언제나 상쾌하다. 20대부터 현재까지 9가지 일들을 해왔다. 각종 아르바이트뿐만 아니라 대기업의 책임자까지 말이다. 대부분의 일반인들이 그렇게 살아가고 있다. 그러나 나는 아이가 셋이고 내 신체의 한계로 계속해서 회사라는 곳이 내 미래를 책임질 수 없고 나는 더 많은 파이프라인이 필요 하다고 생각을 하면서 사람들과 조금 다르게 세상을 바라보게 되었다.

오늘 아침에 적은 필사 내용이다. 같이 한번 음미해보도록 하자.

"출근하는 직장이 있는 지금 3년 후, 5년 후를 계획해야 한다. 자신이 좋아하는 일을 하며 남은 인생을 살기 위해 직장에서 나오는 월급을 자기계발 비용으로 써야 한다. 내 몸값을 10배로 높이는데 시간과 노력을 아껴선 안 된다. 몸값이 높아지면 대부분의 문제들은 해결되게 마련이다. 경제적 자유를 얻게 되면 시간적 자유는 덤으로 누릴 수 있다. 진정한 행복은 경제적 자유와 시간적 자유를 실현했을 때 얻게 된다."
— 김태광, 『반 꼴찌, 신용불량자에서 페라리, 람보르기니 타게 된 비법』

내가 지금 글을 쓰는 삶과 내 서재를 늘 꿈꾸며 10년 이상을 버텨왔듯이 저 꿈 또한 이루어질 것이다. 나는 매일 새벽을 기분 좋음으로 깨울 것이다 매일 새로운 아이템과 기발한 상상으로 오늘을 매일 살아낼 것이다. 누구보다 먼저 일어날 것이며 내 안의 감사로 가득 찰 것이다. 그러면서 오늘은 내가 좋아하는 각종 서점에서 책을 읽고 구입하고 했던 그런 내용들을 내 다이어리에 필사할 것이다. 이렇게 매일 내가 꿈꾸는 꼭 이루어질 먼 미래를 꿈꾸며 말이다. 그래서 내가 아침 필사로 하루를 시작하는 것처럼 자신에게 변화가 필요하고 절실히 무엇을 꿈꾸며 노력하는 사람은 저마다의 필사를 아침마다 가슴에 새길 것이다. 나는 '나를 성장시키는 오늘을 주셔서 감사합니다.'라고 말이다.

07

직장인은 주말시간을 활용하라

나는 20대부터 40대 중반까지 결혼 후 아이를 낳고 기르고 하면서도 일을 놓지 않았다. 그러면서도 자기계발도 계속해왔다. 아이들이 어릴 때는 맞벌이로 일하러 가고 아이들 챙기고 하는 게 거의 대부분이었던 시절이었다. 그러나 이제 아이가 어느 정도 성장을 했고 이제는 나만의 시간이 생겼다. 아이가 어느 정도 성장을 하고 자기의 꿈을 찾아가니 나도 20대 때의 꿈을 좇아서 나의 삶을 살아가려 한다. 나이가 들었다는 것이다. 내가 살아온 인생을 찬찬히 뒤돌아본다. 그 수많은 시간들이 이제는 나에게 질문을 한다. 삶을 잘 살아온 것 같은가 하고 말이다.

내가 사회에서 무수히 해왔던 생계의 일들이 나의 생계와 우리 가정의 생계를 유지시켜 주었고 그 틈 사이사이 나는 내가 좋아하는 책을 늘 가까이했고 내가 사회에서 필요한 자격증을 공부해서 취득하고 내가 좋아하는 취미 커피를 공부하면서 바리스타 자격증도 따고 또한 미래의 돈벌이를 위해 부동산 공부를 하면서 경매 낙찰도 받고 직접 일과 병행하며 인테리어도 하고 그리고 내가 20대부터 늘 가까이 하던 책, 일하는 중간 자투리 시간이 아까워 가까이 했던 책이 이제는 나에게 책을 쓰는 작가라는 삶을 선물해주었다. 20대부터 늘 시간을 우선시 했다. 놀고 할 일 없이 버리는 시간은 없다. 나는 항상 생각을 하고 살았다. 공부를 열심히 해서 장학금을 벌어야 했다. 엄마 혼자 일하랴 공부시키랴 힘든 것을 미리 알았기에 나는 대학가서도 놀지 않고 공부만 해야 했다. 그것이 엄마를 도와드린다고 생각했던 것 같다. 그리고 나도 그때부터 공부하는 게 재미있었다. 나는 늘 미래를 위한 나의 생계를 걱정했었다. 누구도 의지하지 못하고 내 앞가림을 하고 살아왔던 나이다.

평일에 열심히 일하고 휴일은 내가 좋아하는 도서관이나 서점에 가거나 집 근처 카페에서 이제는 책을 쓴다. 일 마치고도 도심주변이라 책방이 많아서 언제나 책은 함께할 수 있다. 나는 일을 하고 그 일로 받은 스트레스를 스스로 혼자 책을 보거나 여행을 혼자 가거나 걷거나 운동을 하거나 하면서 스스로를 위로 하고 치유하고 그렇게 버텨온 것 같다. 남편은 인간관계가 그래서 좋지 않다고 한다. 항상 자기밖에 모른다고 한다. 그러나 나는 사회에서 누구보다 배려하고 사랑이 많은 엄마이다. 사회에서 만난 사람들은 하하호호 맘 나눌 수 있는 일로 관계되는 사람들이 대부분이다. 어릴 적 가정환경이 중요한 이유이다. 항상 혼자하는 게 익숙하다. 누구에게 부탁을 하거나 요청한 적은 없다.

누구보다 아픔이 많은 사람일 수도 있고 그 아픔을 표현할 줄 몰라 사람 만나는 것을 꺼릴 수도 있을 것이다. 그것을 이제는 내가 나를 표현을 하면서 글을 쓰고 있다. 너는 충분히 멋진 여자이고 그동안 잘 해왔던 너는 누구보다 멋진 인생 전반전을 살아왔다고 말이다.

나도 30대 때에 남자 아이 셋을 놓고 키울 때는 나를 돌아볼 여유가 없었던 것 같다. 그때는 하루하루 살기도 바빴다. 그리고 이제는 아이도 크고 나도 어느 정도 인생을 좀 아는 나이가 되어보니 이제는 20대 때의 그 열정으로 제2의 나의 인생 2막을 준비하려고 한다. 그래서 시작된 작가라는 삶이다. 책 한 권 쓰기가 직장생활에 아들 셋, 첫째 아들 야구 뒷바라지까지 하면서 여간 힘든 게 아니었다. 그러나 나는 첫 책『엄마와 초딩 아들 셋이 함께 떠나는 여행 육아』,『의욕 없던 삶이 다시 두근거리는 하루 10분 글쓰기의 힘』공저까지 내가 표현하는 글들이 세상에 알려졌다. 내가 특별히 작가라는 삶을 꿈꾸지 않았지만 내가 책을 좋아하니 그것을 내가 끌어당긴 것 같다. 내가 조용히 책보고 명상하고 여행하고 내가 좋아하는 것들로 인생 2막을 살고 있는 지금 이 시간들이 좋고 행복하다. 내가 그동안 삶을 헛되지 않게 살았다는 것일 것이다. 휴일에 밀린 집안일과 아이들 육아로 기본적인 살림살이는 일단 완벽함을 내려놓았다. 나같이 꼼꼼하게 집안일과 청소를 말끔히 해야 하는 성격도 이제는 내 시간 앞에 그것이 뒷전이 되었다. 일의 중요도가 우선시 되어야 하는 이유이다.

평일에는 생계의 일을 마치고는 체력에 한계도 있고 글을 쓰려고 집중해도 집중이 안 되는 삶이다. 내가 매일 나를 위한 인생 2막을 준비하면서 시작한 미라클 모닝도 계속하고 있다. 아이가 셋이고 일을 하고 내 시간을 오로지 집중하는 시간은 새벽 시간밖에 없다. 제일 조용하고 내 정신이 제일 맑은 시간이다. 성공자들이 깨어 있는 시간이란 말이다. 휴일 시간은 더더욱 아까운 시간이다. 알람 시간이 울리기도 전에 내가 스스로 일어난다. 일로 지친 내 체력에 한계가 올 때는 눈을 뜨고 내 서재에 책상까지 앉기까지도 엄청 힘이 들지만 대부분은 자동 반사처럼 일어난다.

『아주 작은 습관의 힘』 제임스클리어 작가의 이야기가 떠오른다. 가장 기본적인 것부터가 시작이다. 잠을 자고 일어난 이부자리를 정리한다. 나도 그렇게 한다. 어질러진 것을 못 보는 습관도 한몫했을 것이다.

평일보다 휴일시간이 더 기분 좋은 이유이다. 오로지 내가 하고 싶은 것들로 채울 수 있는 시간이다. 어떤 책을 볼까? 새벽 커피와 우리 집 앞 산 금정산을 바라보며 짹짹 지저귀는 새소리가 상쾌하다. 요즈음은 날도 빨리 밝아져서 하루를 더 빨리 시작하는 기분이다. 아이들이 어릴 때는 산이나 들로 시골로 무조건 나가서 뛰어 놀았다. 남자 아이 셋을 고층아파트에서 키우기란 여간 불안한 일이 아니다. 항상 밑에 사는 사람들에게 죄 짓는 기분 아닌 기분이었다. 이제는 스스로 성장하고 아이들이 스스로 친구들을 더 찾게 되었다. 엄마의 자리가 서서히 또래 친구들로 바뀌고 이제 첫아이는 중학교까지 자기의 꿈인 야구선수를 꿈꾸니 평일도 학교 마치고 운동을 하고 휴일도 야구연습을 한다. 둘째도 친구들과 뒷산에서 자기들끼리 계곡에서 놀고 온다고 가방 싸고 갈 정도로 스스로 앞가림을 하는 아이로 성장하고 있으며, 막내도 우리 집 막내는 막내답지 않게 스스로 뭐든 잘한다. 아이들이 성장하니 이제는 자기들의 요구사항도 더 많아지고 자아가 생기고 있다는 것이다. 내가 그동안 내일을 꾸준히 하면 일을 놓지 않았기에 사회에서도 어느 정도 인정받아 책임감이 있는 업무를 하고 있다. 일은 항상 그랬다. 내가 돈을 벌기 위해 돈을 좇지 않고 그 일에 더 집중했을 때 더 성과를 주었다. 내게 주어진 최대한의 시간 안에 최대의 효율을 내면 되는 것이다.

나도 하루 종일 드라마에 빠졌던 적이 있었다. 지금 살고 있는 아파트로 오기 전에도 말이다. 그러나 이제는 그렇게 황금 같은 내 시간을 그렇게 죽이는 시간으로 만들고 싶지는 않았다. 자기 삶의 시간을 어떻게 채우는가가 중요하며 무엇을 하며 보내는가가 중요한 이유이다. 대부분의 직장인들은 평일에 못한 것을 놀이나 자기가 하고 싶은 것들로 보낸다. 그렇게 보낸 휴일이 있기에 또 평일을 살아낼 수가 있기 때문이다.

나는 나의 능력을 계속해서 향상 시켰다. 이제는 20대는 무서워서 못했던 장롱면허를 뿌리치고 운전을 할 수 있으며, 이제는 그 능력으로 기동성 있게 내가 가고자 하는 곳은 어디든 갈 수 있다. 세상에 모든 일은 시작이 어렵다. 내가 그랬다. 사실 운전을 시작한 것도 아버지가 돌아가시면서 혼자 있는 엄마를 시골에 편안히 모셔다 드리기 위해서 잡았던 운전대이다. 처음에는 엄청 겁이 났다. 그러나 시간이 해결해준다. 5년이 지난 지금 나는 새벽에 드라이브를 즐길 정도로 잘 다니고 있다. 평일에 못 푼 나의 열정을 이제는 책을 쓰고 내가 가고자하는 여행지에서 내가 행복할 수 있는 것들로 채우고 있다.

직장인들은 자기의 취미로 휴일을 보낼 수 있다. 그러나 이제는 영원한 직장도 없고 미래를 준비하지 않으면 오늘 내 행복을 놓칠 수도 있다. 미래를 준비할 수 있는 여력이 될 때 하나씩 하나씩 준비를 하자. 코로나로 달라지는 세상 어느 곳에 나의 생계를 보상해주는 곳은 없다. 일을 할 때는 오로지 집중해서 성과를 내고 그 외 시간은 또한 나를 위한 준비를 해야 된다는 것이다. 내가 직장생활 워킹만 사회에서 9가지 일을 하면서 직접 발로 뛰며 사람들을 상대하며 깨달은 것이다.

나는 사업가가 아니다. 그러나 사업가적인 마인드로 직장인의 삶을 살고 있다. 사업가는 자기가 기업이다. 내가 회사를 직접 차리고 마케팅을 하고 상품을 판다. 모든 것의 일에는 돈이 들어가고 들어간 돈 대비 결과물이 창출되어야 한다. 불필요한 경비를 줄이고 최대한의 성과를 낸다. 그것이 직장 안에서 시간만 죽이는 직장인들이 살아남지 못하는 이유이다. 내가 없으면 일이 돌아가지 않는다면 너는 어느 정도 사회에서 중요한 일을 하고 있으며 책임감 있게 수행하고 있다는 것이다. 직장인들이 휴일에 내 몸 값을 높이는 자기계발을 계속해서 해야 하는 이유이다. 언제나 우리는 나와 다른 사람들 간의 경쟁으로 이루어진 곳이 직장이다. 남보다 도태되거나 뒤 떨어진다면 너의 자리는 언제 없어질지 모른다. 평일에 열심히 성과를 내고 휴일에 최대한의 역량을 키우기 위해 노력해야 하는 이유이다. 습관적으로 보는 스마트폰 보는 시간에 내게 도움되는 책 한 줄 내 안의 나를 바라보며 부디 당신의 인생지도를 계획해보길 진정 바란다. 내가 꿈꾸는 일을 하는 꿈을 꾸며 말이다.

08

혼자보다 함께하라

사람은 사람을 통해 영향력을 받는다. 책을 읽고 깨닫든 어떤 경로를 통해 알든 제일 변화가 빠른 방법은 사람을 통해 성장하는 것이다. 왜냐하면 주변의 사람들이 다 책을 읽고 있는데 나만 안 읽으면 이상하지 않은가? 주변에 사람들이 다 놀고 있는데 나만 놀지 않으면 튄다고 생각하지 않겠는가? 사람들은 다른 사람을 통해서 내 모습을 보기도 한다. 내가 늘 자기계발을 하고 내가 책을 좋아해서 지금의 내 주변에 책을 좋아하고 책을 쓰는 작가님들이 많은 것처럼 말이다. 대학교 친구들도 공부만 했던 친구들이라 지금도 만나면 우리는 대학 때 제대로 놀지도 않고 정말 열심히 교수님 수업을 잘 듣고 공부만 했었네라고 한다. 그때도 함께 매일 아침 앞자리에 앉아서 공부만하는 내가 있었다. 그리고 회사에 다니면서도 서울에 좋은 강의가 있으면 사내에서 매일 지원해서 들으러 갔다. 내가 조금 지쳐 있거나 할 때 옆 동료나 주변사람들이 열심히 하면 우리가 덩달아 따라가는 이유일 것이다. 그렇게 사람들은 사람의 영향을 제일 잘 받는다. 세상을 살아가다 보면 힘든 일 어려운 일, 궂은 일은 만나기 마련이고 그것을 어떻게 툴툴 털고 일어나느냐가 그 한 사람의 역량보다도 주변사람들의 따뜻한 마음으로 대부분은 이겨낸다. 내가 사회생활을 오래 해오면서 매번 힘들 때 나를 잡아준 것은 사람이었으니까 말이다.

우리는 사회적 동물이다. 혼자서 살아가는 존재가 아닌 함께 공생하는 관계 말이다. 나로 인한 사람들이 영향을 받고 또한 나도 내 주변의 사람들로 영향을 받는다. 나는 내가 배우고자 하는 열정이 강해서인지 배울 게 많은 사람을 좋아한다. 사람을 볼 때 단점보다 장점을 보려고 한다. 내가 배울 것이 많다는 것은 내가 나를 성장시키는 에너지가 강해서 그럴 수도 있다. 나는 나를 가장 사랑하는 사람으로 보이고 싶었던 내 욕심일 수도 있다. 성장하기 위해 노력하는 사람, 즉 자기계발을 계속해서 하는 사람들은 그렇게 만나게 되어 있다. 서로서로를 위해 계속해서 그것을 찾아가기 때문이다. 어릴 적 나는 혼자서 하는 게 좋았다. 혼자 책을 보고 도서관을 가고 혼자 독서실에서 공부하고 밤늦게 집에 오고 늘 혼자 하는 게 익숙한 아이였다. 지금도 나는 혼자 하는 게 편하지만 함께 해서 좋은 것도 많다. 서로 좋은 책을 공유하며 똑같이 읽은 책도 생각하는 느낌과 사고가 다르듯이 그것을 통해 발전하게 되니까 말이다. 아이가 셋이고 책을 좋아하고 내 육아관이나 책을 좋아하는 친구는 언제나 서로가 매일 보지 않아도 서로가 만나면 서로의 이야기에 공감하며 오늘을 살아내느라 힘든 서로의 이야기를 한다. 친구는 나처럼 회사에 다니지는 않지만 자기만의 공부방을 운영하며 아이들과 그동안 읽었던 통찰력으로 아이들의 관점으로 지도를 하고 있다. 자기 소신과 생각이 뚜렷해서 자기 삶에 대한 애착도 강하다. 함께 한 번씩 드라이브를 할 때도 어느 책방이 좋더라 하며 따뜻한 차 한 잔을 나누며 삼삼오오 떠들 수 있는 우리는 책을 좋아하는 엄마 아이가 셋인 엄마 무엇보다 자기 자신을 사랑하는 엄마라서 함께 하면 기분 좋은 동행이다.

책을 좋아해서 책을 쓰는 수업을 들으면서 만난 우리 동기들이 있다. 각자의 삶에서 최선의 결과를 내며 현재도 열심히 자기계발을 하며 손에서 책을 놓지 않고 계속해서 책을 읽고 좋은 내용을 나누며 활동하고 있다. 인생의 변화가 필요한 중년들이다. 치열하게 삶도 살아봤고 치열하게 내 인생의 변화를 위해 책을 읽었던 사람들 그리고 이제는 책을 쓴 작가님들이다. 나이가 나보다 많지만 우리는 꿈맥 친구들이다. 책으로 통한 서로서로의 발전을 응원을 하는 관계라는 말이다. 생계의 일을 위해 일을 하고 있지만 나름 소신 있게 자기 삶을 살아가는 간호사분들이며 아이들을 지도하는 방과 후 지도사, 그리고 어린이집을 운영하는 원장님 그리고 요양보호사 등등 모두 다 사회에서 사랑과 배려와 존경이 필요한 직군이다. 내가 사람 상대를 오랫동안 해왔지만 사람에 대한 이해가 있는 분들은 자기의 소신대로 일도 잘하고 자기계발도 잘하고 삶도 진정 즐길 줄 아시는 분이다.

그리고 내가 좋아하는 온라인 독서모임은 체인지그라운드 '나를 바꾸고 세상을 바꾸는 이야기'라는 타이틀로 사람들에게 좋은 책과 동기부여를 주는 곳이다. 고영성 저자와 신영준 저자님들의 책에 대한 분석과 우리가 절실히 왜 자기계발을 해야 하는지 빡독(빡세게 독서하라)을 강요한다. 그리고 네이버블로그 '웅이사의 하루공부' 책을 소개할 때 자기 나름의 소신대로 잘 풀어서 독자들이 알기 쉽게 술술 풀어나갈 수 있도록 이해를 잘하면서 책 소개를 해준다. 온라인에는 다양한 콘텐츠로 자기만의 색깔로 독서모임도 많이 있고 또한 좋은 책을 소개하는 성장하는 사람들과 배울 곳이 많다. 이전에 책을 소개하면서 자기만의 색깔로 풀어내며 끌렸던 김새해 독서모임을 한번 참석한 적이 있었다. 부산에서 서울 강남까지 가서 강의를 들었다. 자기만의 색깔로 사람들과 다양한 방법으로 소통하는 책으로 성장할 수 있는 모임이 다양하다. 그밖에도 다

꿈스쿨의 청울림의 책소개, 김유라 아들 셋 엄마의 치열한 독서와 푸름이 아빠엄마의 육아관 유튜브의 책갈피 등등 세상에는 다양한 콘텐츠로 내가 배우고자 하면 찾아서 공부를 할 수 있는 다양한 세상이 있다. 내가 모르는 세상이 많다. 사람들은 자기가 좋아하는 것만 보고 살며 관심을 가지지만 관심이 없는 것은 신경 쓰지 않고 살기 때문이다. 나는 책을 좋아해서 책을 내가 끌어당겨서 내 주변에 책들을 좋아하는 사람들이 많은 이유이다.

책을 쓰면서 그리고 알게 된 나의 자아와 마주하며 의식을 확장하는 〈한책협〉을 이끌고 있는 구세주 김도사 님의 카페에서도 여러 작가님들과의 좋은 영향력으로 나의 성장 에너지는 날로 상승하고 있다. 우리가 좋은 것을 끌어당기듯이 말이다. 주변에 부정적인 사람들보다 긍정적인 사람들이 많으면 우리는 서로 서로 영향을 받는다. 왜냐하면 기분 좋고 환한 사람들이 우울하고 부정적인 사람들보다 더 성장할 수 있는 에너지가 넘치니까 말이다.

생각을 하고 살자. 이 말이 떠오른다. '생각 없이 사는 사람은 사는 대로 생각하게 된다.' 오늘도 어김없이 눈을 뜨면 내가 주체가 되는 새 아침이 밝았다. 하루하루가 모여 나의 인생이 된다. 당신의 오늘의 선택은 어떤 마음으로 가득 채우고 시작할 것인가?

최근에 서울에 지인을 만나러 서울에 갔다가 남산도서관에서 책도 보고 책도 쓸 겸 방문을 했었다. 서울은 좋은 문화 행사를 많이 해서인지 그날도 도서관 한편에 전시회장이 있었다.

그날의 관람주제는 머신퀼팅법이라는 주제로 장미선 님의 다양한 예술작품을 감상할 수 있었다. 글을 좋아하는 나는 작품들과 그 옆에 적은 글들을 꼼꼼하게 봤는데…. 이 구절이 마음에 들어 작품들과 글들을 모두 사진을 찍었다.

기억의 조각들

나는 나의 인생길을
끝이 없는 여행이라고 생각한다.
내가 지나온 인생의 조각들

(중략)

남은 인생길에서 생겨날 또 다른 기억들
그것은 다음 작품에 보태어지게 될 것이다.

인생의 중반까지 쉼 없이 달려왔다. 모두 하나의 기억의 조각들이 나의 공간에 채워지고 있다. 이제는 '혼자'보다 '함께'가 필요한 중년을 바라보는 나이이다. 그동안 혼자서 뭐든지 다하려고 했다면 이제는 함께하자. 혼자일 때의 기쁨도 있지만 함께할 때 우리는 더 시너지를 낼 수 있다. 여러 사람들과의 의견과 소통을 통해서 나를 더 잘 알 수 있을 것이다. 다른 사람들이 하는 생각을 들음으로써 나와의 다른 점도 공감하면서 말이다. 오래 가려면 함께 가는 것이다. 독불장군처럼 나만 잘났다고 세상이 사람이 나를 알아주지 않는다. 우리가 가는 인생 길 나와 공통된 관심사로 서로 성장하는 사람들과 함께하면 이 또한 내 인생이 조금 더 풍요롭지 않겠는가! 그럼 내가 행복하지 않겠는가! 내가 이 땅에 온 이유인 것처럼 말이다.

5장

책을 읽고 나서야
알게 된 것들

책을 읽고 나서야 알게 된 것들

책을 읽으면서 생각이라는 것을 하게 된다. 그게 좋은 생각이든 좋지 않은 생각이든 그 책 속에서 작가가 말하는 것이 무엇인지 내가 판단하게 된다. 동기부여를 주며 조금 더 힘내라고 할 것이고 나도 힘들었는데 너도 그렇구나. 오늘 하루는 잘 살았어. 나이는 먹어 가는데 이뤄놓은 게 없지. 어떻게 잘 살고 멋지게 나이 들고 싶은 거야! 계속해서 책들은 제목을 선택하게 하며 책 속에 빠져 이야기를 해준다. 그래 너 더 잘살고 싶다는 거구나. 그랬다. 내가 책을 읽는 이유는 나를 더 키우기 위해 계속해서 성장시키기 위해서이다. 그래서 나의 생각을 확장하고 개발할 수 있는 나의 동경의 대상의 책들을 주로 읽었고 그리고 틈틈이 내가 공감이 필요할 때 읽었으며 어떤 가장 힘들고 외로운 날엔 위로해주는 책들이 나를 이끌어주었다. 나는 타인의 사랑에 목말랐다. 나를 계속해서 더 키우라고 하는 것도 그 사랑을 갈구하면서 말이다. 차라리 그 사랑을 타인에게 보다 나에게 찾을 걸 이제 그것을 말해주고 있다. 책을 최근처럼 막 열정적으로 집중적으로 보진 않았지만 항상 책은 늘 내 가까이 함께했다. 내가 스스로 힘든 점을 누구한테 말하는 스타일이 아니고 조금 과묵한 여자이다. 솔직하고 다소 가식적인 애교를 잘 부리지 못한다. 나는 말을 하는 것보다 들어주는 게 익숙한 아이였다는 걸 이제 알았다. 그리고 책을 읽고 그리고 쓰면서 나라는 아이에 대한 이해를 스스로 하게 되었다. 나는 내 안의 사랑은 많지만 자기한테는 아주 소극적인 우리네 가장 같은 그런 나의 삶을 살고 있구나. 내 어릴 적 어른아이로만 살아야 했던 나는 누구한테 한없이 애교부리는 것을 못하며, 따뜻한 부모 그늘이 없고 어릴 때부터 뭐든 다 해내야 하는 어른 아이로만 살아야 했다. 후회하는 삶을 살았다고 하는 것이 아니라 이제는 그 사랑을 나에게 주고 싶다. 인생 2막은 이제 나를 위해 살고 싶어졌다. 일을 하고 있지만 내가 없는 일이 아니라 내가 사는 일말이다.

나의 힘든 삶에서 책은 나에게 많은 변화를 주었고 지금도 계속해서 동기부여를 해주고 있다. 독서를 계속해서 하면 대부분의 사람은 변화가 생긴다. 나는 이미 그런 사고로 살고 있으나 대부분의 사람들은 책을 읽는 것을 좋아하지 않기 때문에 다른 것을 재미를 찾아가며 각자의 삶을 살아간다. 책보다 더 좋은 취미를 가진 사람들도 있겠지만 나는 독서만큼은 나의 생각을 확장해주고 삶을 바라보는 세상을 부정보다 긍정으로 바라볼 수 있음에 감사하다. 독서를 하면 생기는 변화를 이남희 저자의 『미라클 독서법(하루, 한 권 책읽기)』에서는 말한다.

첫째, 생각이 긍정적으로 바뀌고 행복도가 높아진다.
둘째, 과거가 아닌 현재를 살며 더는 시간을 헛되이 보내지 않는다.
셋째, 번뜩이는 아이디어나 통찰력이 연결되어 지혜롭게 살아간다.

이 책을 지은 저자도 강사가 되기 전에 평범한 찐빵집을 운영하는 일반인이었다고 한다. 손님 중에 평생교육원에 다니는 분이 강사가 잘 어울리겠다고 했다. 그리고 주변 선생님들과 지인들이 계속해서 말을 해주었다고 한다. 그렇게 주변에서 들었던 말들이 씨앗이 되어 찐빵집을 닫고 강사가 되었다. 자기의 운을 끌어당겼고 이분은 그 말을 듣고 흘려보낼 수 있었으나 실행을 했다. 사실 나도 콜센터 상담사 업무를 전 20대 롯데마트 사원들의 서비스 CS강사 겸 조장으로 직원들을 교육시키고 오픈시키는 일을 했었다. 20대 내 나이 그때는 그 업무가 나는 너무 버거웠다. 내가 서울 오픈 전 직원들을 영등포 인재개발원에서 그 넓은 강의실에서 강의를 할 때도 나는 일이니까 한 거였다. 내 스스로가 자존감이 낮으니 나에게 좋은 일이 주어져도 스스로가 그 역할을 밀어내고 있었다. 나에게 사람들은 그만한 역할을 할 만하다고 책임감을 쥐어주어도 내 스스로가 자존감이 낮으니 다른 사람의 시선에서 늘 좌우되는 내 인생에 이제 답한다. 다 내가 내 스스로를 끌어당기지 못한 나의 힘이 약했다는 것이다. 내 가치를 스스로를 높여야 한다. 내가 이 세상에서 가장 소중한 존재이며 나는 1조 원 이상의 가치를 지닌 사람이다. 책을 읽으면서 나는 깨닫는다. 엄마의 모습에서 내 모습을 보고 자기안의 무한한 가치가 많으나 그 가치를 정작 본인은 깨닫지 못하고 있으니 말이다. 사람들의 시선에서 이제 자유롭고 싶다. 항상 남을 배려하며 공감하고 그렇게 살아온 나의 24년 서비스업에서 이제는 내 안의 만족도를 먼저 채우고 싶다. 세상에서 하나뿐인 나의 존재 가치가 세상에서 가장 고귀하다는 것을 이제 나에게 말을 해준다.

멋진 엄마, 멋진 여자로 살고자 한다. 그동안 힘들었던 나의 과거에서 조용히 숨죽이며 자기가 얼마나 예쁜지 모르는 한 소녀가 있다. 엄마의 밥벌이로 힘든 학창시절 감기를 오래 두어 기침하며 피를 올렸던 나, 폐결핵에 걸려 학교에 가지도 못하고 입원하며 그 노란 알약을 오랫동안 먹었던 나, 육교를 가다 갑자기 정신을 잃고 쓰러져 턱이 갈라지는 바람에 지금도 흉터가 있고 대학교 다닐 때 학교 가는 어느 지하철 안에서 갑

자기 식은땀을 흘리며 쓰러져서 의자 위에 누워있는 나, 롯데카드사 다닐 때 윗사람의 날카로운 시선에 식은땀을 흘리며 쓰러졌던 나 까지. 모든 '나'라는 사람은 어릴 때부터 항상 눈치를 보며 살았고, 그래서 일에서나 사람을 보는 눈치가 빠르고 사람의 말과 행동에 내 상처를 드러내지 않고 혼자가 제일 편한 나는 아주 소심하고 내성적인, 그러나 자기 방어 기재가 강해 나에게 일어날 상처를 미리 차단하는 나는 사랑이 가장 필요한 아이였다. 나의 어린 시절 그 외로운 환경에서 오로지 받지 못한 그 사랑을 이제는 스스로에게 주려 한다. 남에게 받는 것이 아닌 오로지 너 자신에게서 찾으라고 말이다.

책을 많이 읽었고 이제는 그 책들을 바탕으로 나의 삶의 이야기를 글로써 풀어내는 작가 엄마이다. 그저 읽기만 하는 독서를 할 때보다 이제는 저자의 입장에서 책을 쓰면서 책을 읽는 독자는 책을 바라보는 관점이 다르다. 좋은 내용 좋은 사례를 보면 나의 책에 어떻게 이 글을 좋게 풀어낼까를 먼저 고민을 하고 새로운 내용의 책들을 보며 다음 책은 어떤 내용으로 책을 쓸까를 고민하게 된다. 또한 책을 쓰면서 또 비슷한 시중의 책들을 자료를 찾으며 구입하고 잘 안 풀리는 꼭지를 공부하며 동영상을 보며 공부를 하고 책을 쓰면서 내가 더 공부를 하고 있다는 것을 깨닫는다. 공부하면서 좋은 방법들은 내 생활 속에 접하면 좋겠다고 생각도 하게 된다. 바인더 독서법을 읽으면서 그동안 몰랐던 마인드맵을 활용하며 내가 하는 독서를 조금 더 깊이 있게 다룰 수 있고 내가 한 권 한 권 읽는 책들을 기록하고 더 깊이 있게 풀어낼 수 있고 이 또한 다른 사람에게 도움이 되는 방법으로 알려지는 책이 될 테니 말이다. 내가 만든 불안을 끌어안고 살아왔다. 내 스스로가 항상 미래에 어떻게 살아야 하나를 늘 고민하고 살아왔던 것 같다. 왜냐하면 나는 내 인생은 내가 스스로 책임지는 삶을 늘 살아왔기 때문이다. 거기에 항상 책이 있었다. 이제 그 책으로 내가 더 성장하고 있다는 것을 깨닫는다.

책의 좋은 점은 무수히 많지만 나에게 있어 책은 '비전을 실현해주는 책 읽기 공부'였다. 나의 삶에 적용하고 성찰하는 과업이다. 독서가 단순히 취미가 아닌 실사구시 차원으로 발전하기 위해서는 읽은 내용을 반드시 자신의 삶으로 들여와 확장시키고 재창조할 줄 알아야 한다. 그러한 방법 중 마인드맵을 활용한 기법과 모델링을 통해서 나의 생활에 적용할 수가 있다. 독서를 단순히 읽는 것에만 국한된 것이 아니라 책 한 권을 읽고 마인드맵을 정리하는 방법으로 이제 나도 정리를 해야겠다고 느꼈다. 책을 조금 더 세부적으로 주제별로 아이디어를 분류에 독서노트를 정리해두면, 나중에 문제가 발생했을 때 해결방법을 찾아낼 수 있는 귀중한 자료창고로도 이용할 수 있다. 모델링 또한 세계적인 리더의 자서전이나 조직의 이야기들을 통해서 우리는 역할모델로 삼고 싶은 전 세계, 전 역사의 유명인들을 만날 수 있고, 그들의 모습을 닮으려 노력하는 모델링도 가능해진다. 내가 좋아하고 존경하는 멘토들을 책을 통해 만날 수 있고 내 삶에 적용할 수 있게 된다.

　책은 나의 친구이자 멘토이자 스승이자 정신적 지주였다. 내가 내 삶을 돌아봤을 때 참 힘든 인생에 굴곡 많은 인생을 살아왔다. 내 삶에 성실했으며 노력했다. 거기에 밑받침이 되어주는 책은 언제나 나에게 누구보다 세상을 살아낼 수 있는 힘을 주었다. 책 속의 많은 저자들이 나에게 견디라고 하며 잘 헤쳐나갈 수 있다고 격려를 해주었듯이 오늘도 나는 내 삶을 사랑하는 멋진 엄마로 책을 읽고 그리고 이제는 책을 쓰는 작가로 이 새벽에 자판을 두드린다. 참 행복한 삶이다. 그동안 책으로 위로를 받았고 이제는 그 위로를 줄 수 있는 작가의 삶까지 살고 있으니. 책은 언제나 나에게 희망만을 이야기해준다. 책을 읽고 나를 가장 사랑하는 것이 무엇보다 소중하다는 것을 알았으며 또한 내 안의 사랑이 충만할 때 남을 더 사랑하게 됨을 알게 되었다.

02

성공한 사람들은 대부분 독서광이었다

"오늘의 나를 있게 한 것은 우리 마을 도서관이었고, 하버드 졸업장보다 소중한 것이 독서하는 습관이다."

빌게이츠 마이크로소프트 CEO의 유명한 말이다. 대부분의 성공자들은 독서를 꾸준히 하며 안식년 휴가를 내서 책을 읽을 정도로 책을 깊이 있게 읽어낸다. 빌게이츠와 함께 부자 독서광으로 꼽히는 워런 버핏은 일과 시간의 80%가량을 독서에 쏟을 정도로 책을 사랑한다고 했다. '인생을 바꿀 가장 위대한 비책은 독서'라고 했다. 이같이 성공자들이 말하는 독서의 중요성은 우리에게 깨닫게 해주는 바가 크다. 인생을 살아가면서 우리는 수많은 선택을 한다. 그 선택의 결과가 현재의 자기모습일 것이다. 모든 선택에 있어서 내가 올바르게 사고할 수 있는 힘은 다 책을 읽고 그 속에서 먼저 살다 간 선조와 현명한 위인의 지혜, 내가 경험하지 못한 모든 경험을 깨달았기 때문이다. 그리고 내가 책을 읽고 내 사고를 확장시켜 감으로써 내 인생의 후반을 멋지게 보낼 수 있게 되는 것이다. 독서를 한다고 모두가 성공자가 되는 것은 아니다. 하지만 성공자들 중에 독서를 멀리하는 사람은 없다. 독서를 많이 할수록 성공할 확률이 높아짐에는 틀림이 없다.

역사와 나를 통틀어 모든 지식은 독서를 통해 익혀왔고, 독서를 통해 전해져왔다. 누군가가 다른 이가 적어놓은 글을 읽지 않고 활용하지 않았다면 지금처럼 성장하지 못했을 것이다. 인류가 다른 생명체와 달리 눈부신 역사를 쓰고 더 나은 미래를 만들어갈 수 있었던 이유는, 누군가가 독서를 통해 자신과 주위의 삶을 더 높은 곳으로 이끌어왔기 때문이다. 내가 아이들에게 학교 공부도 중요하지만 책 읽는 습관을 들이기 위해 매일 한 권 같이 읽기를 습관적으로 시키는 것도 이 같은 이유이다. 나는 배움은 어느 정도의 자기의 깨달음이 있어야 되는 시기에 자기 동기부여가 함께 오면 그때부터 누가 시키지 않아도 하게 되는 거라고 생각한다. 학교에서 하는 공부 말고도 사회생활을 하면서도 공부를 하고 나이가 들어가면서도 배움의 끈을 놓지 않아야 되는 이유이다. 어느 정도 기본적으로 공부하는 환경과 아이가 스스로 공부하는 힘을 책에서 찾는다면 아이는 자기가 필요한 공부를 알아서 할 것이다. 자기인생에 자기가 무엇을 할 때 가장 행복한지를 찾는 게 중요한 이유이다. 세상에는 너무나 놀 것이 많고 책 말고도 하고 싶고 놀고 싶은 것이 많은 세상이다. 우리가 매일 하는 것은 나의 습관이 된다. 올바르게 잘 갖춰진 습관은 성공자의 삶을 살기 위한 기본적인 루틴이 된다. 성공자들이 왜 그렇게 자녀에게도 책 읽는 습관을 강조하며 책을 읽고 토론하며 자기 생각을 계속해서 말하게 하는지를 보면 알 것이다.

『아들 셋 엄마의 돈 되는 독서』 김유라 작가님은 나랑 비슷한 게 많은 분이다. 우선 아들 셋을 둔 맘이며 책을 썼던 작가이며 지금 강연가 유튜버 방송 다양한 활동을 하면서 꿈을 키워가고 있는 여성이다. '슈퍼 짠 선발대회'에서 1등으로 성공하기까지 부동산이며 금융이며 많은 공부를 했고 그 와중에 돈 없고 시간 없는 엄마에게 책은 삶을 바꾸는 가장 현실적인 방법이었다고 말하고 있다. 거실에 티비가 없는 것도 식탁 빈 공간에 아이들에게 물려준 책을 서재처럼 꾸민 것도 나의 생각과 비슷하며 삶에 대한 철학과 나눔과 소통이 비슷하게 많은 흥 많은 작가님도 책으로 성장하고 성공자로서 달려가고 있음에 축복을 한다. 이분 강연을 들으러 서울에 경의선 책거리로 가보고, 울산에 강연이 있을 때 부산에서 울산

까지 회사에 연차를 내고 가서 들었다. 나는 좋은 강연 만나고 싶은 사람은 꼭 만나서 직접 그 사람만의 노하우를 들으러 간다.

　세계 최고의 부자들은 하나같이 성공비결로 책을 꼽는다. 빌게이츠는 연간 50여 권의 책을 읽는데 그의 철칙은 한번 읽기 시작하면 반드시 끝까지 읽는 것이라고 했다. 일본 최고의 부자 손정의는 소프트뱅크 창업 2년 만에 중증 만성간염으로 꼬박 3년 간 병원에 입원했다. 그 와중에 4천 권의 책을 독파하겠다는 계획을 세우고 경영서, 역사서, 전략서 등 다양한 책을 읽었다. 병중 3년의 독서가 오늘날 최고의 기업가를 만들었다고 해도 과언이 아니다. 아시아의 최대 갑부인 홍콩 리카싱은 매일 중학교 중퇴의 출신임에도 자기 전 반드시 30분 독서를 하고 잠자리에 든다. 아픈 과거를 가지고도 세계적인 여성갑부에 오르며 수많은 여성분들에게 롤모델이 되는 오프라 윈프리도 자기 전 30분 독서를 통해 지금의 자리에 올랐다고 한다. 전쟁터에서 말을 타고 달리면서 책을 읽기로 유명한 나폴레옹 일화도 유명하다. 다산 정약용선생님의 독서 사랑도 대단하다. 유배지에서 보낸 편지는 가장 중요한 인간의 가르침이 무엇이고 뭐가 제일 중요한지를 알게 한다. 왕성한 지적 호기심으로 독서와 결합하여 성공한 유형은 안철수 교수이자 정치인이다. 초등학교부터 도서관에 있는 책을 모두 읽었다고 한다. 늘 곁에 책을 두고 산다. 안철수 님의 독서법은 사람들은 자기가 이미 경험한 것만큼 책을 통해 이해할 수가 있기에 다양한 분야의 책을 읽는 것이 중요하다고 강조한다. 또한 책 읽는 것 못 지않게 사색이 중요하다고 말하며, 독서는 궁극적으로 마음가짐의 변화, 생활습관의 변화, 일하는 방식의 변화를 가져야 한다고 말한다.

100세 철학자로 유명하신 김형석 교수님도 말한다. 배움을 놓지 않고 진정한 공부는 60세부터 시작이라고 말이다. 100세를 살아온 인생이야 기에서 언제가 가장 행복했던가를 생각하면 60에서 75세까지가 계란의 노른자처럼 가장 행복했다고 말이다. 성공이라는 말이 꼭 부자가 되어 야 성공했다고 말하지는 않는다. 사회적으로 덕망이 높다고 성공했다고 말하지 않는다. 그러나 사람들은 알고 있다. 왜 저 사람이 성공할 수밖에 없었는지 말하지 않아도 주위에서 알고 먼저 말해주는 것이다. 자기가 잘났다고 하는 사람치고 제대로 된 사람 없고 자기가 부자라고 자기 입 으로 말하는 사람치고 진정한 부는 없다. 교양과 덕은 쌓을수록 고개를 숙이고 나의 가치를 그렇게 내세우지 않아도 된다고 생각을 했다. 지금 까지는 나는 그랬다. 그러나 세상은 계속 변화를 하고 있다. 코로나로 세 상의 흐름도 바뀌고 있다. 자기의 가치를 스스로 내세울 줄 알고 제대로 바라볼 줄 아는 내가 되어야 한다. 대부분의 성공자들이 책을 통해 성장 하는 이유는 그 책이 말하는 한 줄이나 내용이나 깨달음이 있다는 것이 다. 나도 힘들 때 책을 읽든 공부를 하기 위해 책을 읽든 나의 인생도 늘 책과 함께였다. 성공하고 싶어 자기계발책을 읽었다. 위안을 받기 위해

에세이를 읽었다. 전문적인 자격증을 딸 때는 전공서적을 읽었고 계속해서 배움을 놓지 않고 지금까지도 공부를 하고 있는 이유이다.

그렇다. 모두 책을 읽었다. 그리고 성공자의 길로 갔다. 그리고 지금도 성공자의 길로 가고 있다. 책을 늘 가까이 하고 있으며 인생은 한 권의 책처럼 내가 가고자하는 길에는 수많은 지혜와 깨달음이 필요하다. 우리가 처음 사는 인생이 아닌가? 우리는 처음이지만 앞서간 선조들은 이미 살아보지 않았던가? 그래서 어떻게 성공을 했는지 수많은 역사서에 기록을 해놓지 않았는가? 그럼 성공을 위해서는 그 노하우를 알 수 있는 방법은 우리가 책을 읽어야 하지 않겠는가?

당신이 성공을 그렇게 바라고 진정 꿈꾼다면 말이다.

책을 읽으면 삶을 바라보는 관점이 바뀐다. 조금 더 너그럽게 여유롭게 긍정적으로 바라볼 수 있다. 조금 더 희망을 더 꿈꾸게 한다. 행복을 알게 한다. 적어도 나에겐 그랬다. 다람쥐 쳇바퀴 돌듯 일과 함께 온 나의 생활 23년간의 세월 동안 늘 책과 배움이 함께 했다. 그러기에 나는 버틸 수 있었다. 행복의 기준은 사람들마다 다르지만 나는 행복하게 성공하고 싶었다. 가까운 사람과의 아쉬운 작별에서 나는 지금 현재 오늘의 고마움을 더 알게 되었으면 내가 건강하기에 오늘 누리는 모든 것에 감사를 하게 되었다. 내가 바른 생각 바른 마음으로 세상을 바라봄에 내 생각을 바르게 깨우쳐주는 책들을 사랑한다. 나도 책에 빠진 독서광처럼 푹 빠지진 않지만 난 애인처럼 늘 함께하는 가족처럼 그렇게 내 방식대로 독서를 하고 있다. 그러면 나도 어느새 성공자가 되어 있지 않을까? 꿈을 꾸면서 말이다.

03

내 주변의 5명의 평균이 내 몸값이다

　내가 지금 최근에 만난 사람은 누구인가? 제일 자주 부딪히는 사람은 누구인가? 하루에 3번 이상 대화를 하고 나와 생각을 같이 함께 하는 사람은 누구인가? 모두 내가 좋아하고 내가 선택한 사람들이며 내가 끌어들인 사람들이다. 너의 현재이며 너의 미래를 함께하는 사람들일 것이다. 부자들이 말하는 인맥관리 사람관리 어장관리 모두 다 너의 현재를 말한다. 그 가치를 높이고 싶은가? 그럼 노는 물부터 바꿔라. 딱 너의 주변인 5명을 떠올려보라. 너의 몸값을 말해줄 것이다. 우선 나부터 내 주변인을 떠올려보자. 일할 때는 직장인으로서 주변동료와 직장 상사가 있다. 그리고 나와 말이 잘 통하는 학부모 친구 특히 책을 좋아하며 아이에 대한 교육관과 삶에 대한 가치관이 비슷해서 내가 좋아하는 친구이다. 그리고 현재는 책을 좋아하면서 함께한 우리 동기 작가님들 그리고 첫째 아이가 야구를 진로로 선택하면서 야구에 대한 정보를 함께 공유하고 성장하는 학부모님들이다. 내 성격상 사람에게 막 다가가는 성격이 아니라서 인간관계가 폭넓지는 않다. 그러나 한번 만나는 사람은 오래 보는 스타일이라 좁고 깊다. 내 성격이 그런 것 같다. 사람에게 쉽게 마음을 주지도 않고 쉽게 다가가지도 않지만 한번 챙기면 길게 오래 보는 스타일이다. 일도 그래서 한번 하면 조금 장기적으로 오래 간다. 인내와 끈기가 있다는 것이겠지만 말이다. O형 같은 A형이다. 사회생활을 오래 하다 보니 내 안에 만들어진 성격은 두루두루 잘 지내고 좋은 게 좋은 것이라고 생각하는 긍정형의 성격은 사회에서 만들어진 성격이다. 그러나 실제로는 혼자서 조용히 책보는 거 좋아하고 혼자 사색하고 여행하고 명상하는 것을 좋아하는 나는 내성적인 사람이다.

『사실, 내성적인 사람입니다』 남인숙 작가의 책이 떠오른다. 사회에서 성공하는 사람들은 말 잘하고 호감 있고 친근감 있고 먼저 다가서는 사람이 성공자의 모습이라고 한다. 누구나 한눈에 봐도 눈에 띄게 매력적이거나 하면서 말이다. 그러나 그런 사람 못지않게 내향적인 사람도 겉으로 화려할 것 같은 미사여구보다 진심어린 공감 뿌리 깊은 말 한마디가 사람에게 다가가는 경우가 많다. 어느 것도 정답도 없다. 누구도 정답의 정의를 내리지 못한다. 그것은 사람마다 기준이 다르며 내가 내리는 결론만이 진정한 답일 뿐이다.

　의식 공부를 배우지는 않았지만 책을 읽으면서 깨닫는 것은 내가 그동안 생각했던 것이 다르게 다가온다. 내가 주변에 사람을 바꾸고 그리고 책을 읽으면서 변화되고 있다. 그동안 내가 미래에 불안을 끌어당겨 내 삶이 팍팍했다면 내 생각의 범위를 조금만 바꿔보자 세상이 달리 보인다. 사람이 변화는 계기는 여러 가지가 있을 것이다. 그러나 사람에게 자극을 받고 영향을 받으면서 변화되는 것이 가장 빠를 것이다. 사람은 그동안 살아온 자기만의 경험과 지혜가 가득할 것이며 그렇게 깨달음을 우리는 시간을 아껴 노하우를 배우게 될 것이기 때문이다. 책을 좋아해서 독자로 있었다면 나의 위치가 이렇게 바뀌지 않았을 것이다. 그러나 책을 쓰고 책을 쓰는 과정을 배우고 나는 내 몸값을 높이기 위해서 늘 배우고 성장하려고 했다. 지금 일에서도 내 위치에서 늘 발전하려고 노력했고 주어진 시간에 최대의 결과를 이끌어내기 위한 목표와 성과를 위해 일을 하곤 했다. 그 목표를 위해서 노력을 했다. 결과만이 사회에서는 존재한다. 누구도 답을 주지 않는다. 자기만이 그 답을 내려야 한다. 자기와의 싸움이 제일 힘든 이유이다. 어제의 나와 오늘의 나를 보라. 나는 그렇게 남과의 경쟁보다 나 자신과의 경쟁에서 매번 이겼다. 나를 더 강하게 매몰차게 내몰았다. 힘들수록 더 가혹하게 그렇게 나를 담금질 시켰다. 그러면 나는 더 단단한 사람이 되어 있었다. 왜냐하면 나는 누구도 의지할 사람이 세상에 없다는 것을 스스로에게 계속해서 말을 걸었다. 평균이 올라가려면 내 몸값도 중요하다. 내가 성공자로 가고 있다면 나에게도 누군가가 다가올 것이다. 그러면 나는 모든 것이 준비된 사람이 되어야 한다. 멀티 플레이어, 여기서도 통하고 저기서도 통하는 그런 사람이 되어야 한다. 직장 안에서는 직장에서 원하는 사람 꿈맥들과 성장하는 곳에서도 나에게 하나라도 배울 게 있어야지 나도 그 사람에게서 하나를 가져오지 않겠는가! 같이 성장하는 것이다. 그래서 멀리 오래가는 사람은 함께 가는 사람이다. 인간은 혼자서 독불장군처럼 하지 못한다. 스스로 옳다고 해도 그것이 옳은지 판단해줄 수 있는 멘토가 있거나 격려해주는 친구나 지인들이 있거나 모두가 그렇게 힘을 준다. 그게 오래 가고 멀리 가게 한다. 스스로 동기부여가 잘된 나 같은 아들 셋 맘은 자식에 대한 강인함으로 무조건 앞으로 전진을 해야 하지만 대부분의 사람들은 그렇게 스스로 혼자서 결단력 있게 발을 내딛지 못한다.

멘토가 있었다. 잘나가는 길이라고 이끌어주는 사람이 있었다. 성장하고자 하는 열정이 있었다. 내 주변의 작가님들과 성공자들이 늘 미래를 위해 노력하라고 한다. 인스타에서도 성장하려는 사람들과 미라클 모닝도 같이 격려한다. 수많은 온오프라인에서 멋있게 자기만의 길을 가는 성공자들이 함께 하고 있다. 내가 늘 꿈꾸며 바라며 현재에 안주하지 않고 그렇게 노력하며 살아온 것처럼 세상에 그렇게 노력하는 사람이 많다는 것이다. 코로나로 점점 온라인과 친해지는 세상이다. 그동안 오프라인에서 치열히 일과 육아와 노력하는 내가 있었다. 늘 배우려고 노력했던 나의 열정이 지금은 어느 중년의 문턱에서 진정한 나의 길을 가고 있다.

"우리는 가장 많은 시간을 함께 보내는 다섯 사람의 평균." 미국의 사업가이자 동기부여 강연가 짐론이 한 말이다. 내가 자주 만나는 사람 5명의 평균이 곧 나 자신이라는 말이다. 한편으로는 놀랍고 한편으로는 그러려니 싶은 말이다. 놀라운 건, '가장 많은 시간'이라고 표현한 점이고, 그러려니 싶은 건 사람에게 환경이 주는 힘은 놀라울 만큼 무섭기 때문이다. 짐론 선생님은 '가장 많은 시간을 함께 보내는'이라고 표현했지만 실은 내가 처한 환경이 계속해서 영향을 준다. 한 사람의 입장에서 보았을 때, 나를 제외한 다른 사람들도 환경이 될 수 있다. 그래서 나라는 사람을 변화시키려면, 나의 환경도 함께 변해야 한다. 인생을 바꾸는 방법에는 시간과 공간, 만나는 사람을 바꾸라는 말이 있듯이 환경이 변하면 그 안에서 나 역시 변화하기 마련이다. 인생을 바꾸기 위해서 내가 지금 내 시간을 지금 나는 어디에 쓰고 있는가? 내 주변 환경을 바꾸기 위해 더 좋은 주거 환경으로 변화를 했는가? 보다 나은 내 인생을 위해 내가 만난 사람이 나에게 어떤 변화를 주고 있는가?

딱 3가지가 나에게 변화를 주었다. 현재의 일에서 불안함과 더 나아가고자 하는 내 미래를 위해서 책을 읽고 또 쓰며 출근 전 나의 새벽을 깨우고 있다. 직장, 육아, 가사 외에는 내가 현재 내 미래를 위해 어떻게 할 것인지 계속 시간을 생각을 하고 시간을 투자하고 있다. 그리고 주거 환경을 바꿨다. 오래된 낡은 아파트에서 아이들이 공부하기 좋은 아파트로 환경을 바꾸었다. 그러니 주변 사람과 환경이 바뀌었다. 한층 더 삶에 여유가 생겼다. 그리고 경제적으로 조금 빠듯해지면서 내 일에서 더 성과를 내야 했다. 그러면 대충 시간만 때우고 했던 직장일도 이제는 주체적으로 성과를 더 내야 하기에 몰입하게 된다. 처음 일할 때 그 열정이 되살아나 직장에서도 일에 더 성장하게 되었다. 경제적인 문제를 더 해결하고자 부동산 공부를 했고 좋은 스승을 만나게 되었다. 사람을 만나면서 또 다른 나의 꿈을 만나게 되고 그러면서 나는 내가 생각지도 못한 작가라는 현재의 삶을 살고 있다. 모두 내가 문제가 있으면 행동을 하는 실행력이 있었다. 성공자에게는 실행을 하는 추진력이 있다. 생각만 해서는 성공하기 힘들다. 절실함이 만들어낸 동기일 것이다. 그것의 밑바탕에는 가족이 있고 내 안의 사랑이 있었음이니라.

사람들은 퀄리티 있는 것을 선호한다. 그리고 퀄리티는 보통 가치와 연결된다. 예로 소고기를 먹는다면 무한 리필 소고기와 특A플러스 한우 중 무엇을 선택하겠는가. 잠을 잔다고 했을 때 모텔에 묵을 것인가 싱가폴에 있는 마리나베이 샌즈 호텔처럼 퀄리티 있는 곳에 숙박할 것인가. 자기 자신을 가치가 있는 사람으로 만들 것인가 아님 현재의 자신의 수준에 머물러 있을 것인가. 나는 얼마를 받을 수 있는 값어치의 사람인가. 나의 가치를 높일 수 방법을 찾아 끊임없이 자기 자신을 업그레이드 해야 한다. 애플의 아이폰이든 삼성의 갤럭시 폰이든 사람들은 계속해서 업그레이드 된 버전을 좋아하고 찾는다. 물건도 그런데 하물며 그 물건을 사는 사람은 어떠하겠는가. 계속해서 새로운 버전으로 자신을 버전업 해야 한다.

평균을 올리기 위해서 내 몸값을 올리자. 그러기 위해선 3가지 방법을 써보자.

먼저 자기 자신에 대한 파악은 필수이다. 내가 어떤 사람인지를 잘 알고 거기에 맞는 자기만의 방식으로 일을 하고 그 일에서 최고의 성과를 낼 수 있는 방법을 계속해서 연구를 한다.

둘째, 잘하는 것을 확장한다. 앞서 내 성향을 알았다면 내가 잘하는 것이 무엇인지 그 잘하는 것을 사업적으로나 마케팅적으로나 어떻게 활용을 할지를 계속해서 연구를 하는 것이다.

셋째, 적절한, 좋은 사람과 어울리는 것이다. 퀄리티가 좋은 사람들과 함께하는 것이다. 우리는 영향을 주고받는 인간이기 때문에 누구와 함께 어울리는지에 따라 무의식적으로 영향을 받게 된다. 뇌에는 신경언어학 용어로 흉내 내기 기능이 있어서 무의식적으로 흉내를 내게 되는 경향이 있다고 한다. 좋아하는 사람이나 닮고 싶은 사람을 보며 그 사람의 말투와 행동, 가치관까지 닮아 어느새 비슷한 말과 행동 생각을 하게 될 때를 자주 볼 수 있다. 그렇기 때문에 나의 수준을 더욱 높여주는 환경 및 사람과 함께 할수록 나의 수준과 가치는 그들과 동일하게 닮아가며 그로 인해 우리는 높게 평가될 수 있다. 누구와 어울리는지에 따라서 인생이 크게 바뀐다는 사실을 명심해야 한다.

쉼 없이 달려온 40대 중반이다. 내가 그동안 자기계발을 꾸준히 해온 것도 내 몸값을 높이고 나의 가치를 높이기 위한 노력이었다. 모든 것이 생계에 밑바탕이 있었다. 먹고살기 바빴다. 일에 집중된 삶이었다. 그렇게 살다 보니 내 인생에 질문을 한다. 그 질문에 또한 답을 찾으면서 나는 또 다른 나의 가치를 찾았다. 그동안 내가 생각 없이 열심히만 살았다는 것을 그 생각이란 것을 조금 하고 이제는 나답게 조금 현명하게 더 가치 있게 살고 싶어졌다. 제일 중요한 나한테 당당함을 주면서 말이다. 나

는 내 주변 5명의 평균의 몸값을 최고로 올려주는 최고의 몸값을 받을만
한 당당한 멋진 엄마, 멋진 여자로 다시 태어났다. 내 주변은 항상 노력
하고 발전하는 성장에너지로 가득하다. 내가 계속 더 나아지고 있기 때
문이다.

04

나는 독서로 부정에서 긍정으로 바꾸었다

괜찮아지겠지. 더 나아지겠지. 다 지나가겠지. 늘 나에게 했던 주문이었다. 내가 불우한 어린 시절 혼자서 겪어내야 했던 나의 가정환경에서 나는 그 환경 탓만 하지 않았다. 나를 낳아준 부모님을 원망하지도 않았고 내가 이렇게 태어날 수밖에 없었던 환경도 탓하지 않았다. 그냥 묵묵히 내 삶을 받아들이고 살았다. 엄마의 힘든 생계에 착한 딸로 엄마 말잘 듣는 아이로 컸다. 똑같은 환경에서 우리 집보다 가정환경이 좋았던 아이들도 하나둘씩 사회에서 커서 만나보면 조금 비뚤어진 삶을 살았지만 오빠와 나 우리 둘은 어릴 적 지지리도 가난했고 동네에서 엄마들이

저 아이들이랑 놀지 말라는 눈총을 받던 우리 남매는 지금 누구보다 행복하게 살고 있다.

행복은 사람들마다 느낌이 다르겠지만 적어도 나에게는 생계이다 보니 먹고 살만하다는 것이다. 어릴 적 먹을 것이 없고 힘든 시절 누가 뺏어 먹을까 봐 장롱 안에서 혼자 몰래 먹던 그 시절, 지금도 장롱 속에서 문틈 새로 스며드는 그 불빛을 기억한다. 산복도로 가난했던 그 쓰러져가는 슬레이트 집에서 항상 혼자인 게 익숙한 아이였다. 자기 방어 기재로 스스로 닫혀 있던 나는 독서를 하면서 서서히 나를 알게 되었다. 힘든 가정환경에 불우한 내 과거에 조금이라도 비뚤어진 아이들과 조금은 나쁜 길로 충분히 내 삶을 방황할 수 있었던 시절에도 나는 스스로 책을 보거나 그림을 그리거나 음악을 듣거나 하면서 혼자서 스스로를 달랬던 것 같다.

일에서도 그랬다. 지금 하고 있는 콜센터 상담사 12년차이다. 하루 종일 안 좋은 고객들의 감정을 내가 상담하고 내 스스로가 이 감정을 처리해야 한다. 일을 하다 보면 그 감정을 한 번씩 무트키를 누르거나 전화기를 던지거나 책상을 치거나 욕을 하거나 그 감정을 스스로가 다루지 못한다. 화를 참지 못하면 옆 사람이 그 안 좋은 감정들을 또 받는다. 서로에게 안 좋은 것이다. 그러나 사람인지라 어쩔 수가 없다. 그래서 상담사들이 힘들어서 오래 일을 다니지 못하는 이유이다.

나는 그랬다. 일은 어느 회사에 소속된 이상 그 시간은 내가 없어지는 시간이다. 그 회사 안에서의 8시간은 내가 없다. 그렇게 생각하면 편하다. 왜냐하면 내가 필요해서 회사에서 월급을 받고 일하는 거니까 마땅히 회사가 시키는 일을 하면 되는 것이다. 내가 일하면서 받는 그 일쯤은 스스로 알아서 해결해야만 한다. 그래서 나는 오전 3시간 일하면서 성과를 내고 상담일을 하고 일 외에 다른 행복한 일을 할 것을 상상하며 그일에 집중했다.

오전에는 행복한 점심과 커피 한잔의 산책을 주로 상상한다. 그러면 일을 하면서도 희망을 꿈꿀 수 있으니 아무리 힘든 일도 이겨낼 수가 있게 된다. 또 오후 5시간은 퇴근할 때의 기분 좋음을 상상한다. 시간이 왜 이리 안 가나? 그렇게 하는 것 보다 지금 하는 일에 집중을 하면 시간도 어느새 퇴근시간이다. 집중하고 성과내고 내가 주체가 되게 일을 하면 일도 재밌게 할 수도 있다.

모든 게 마음가짐에서 시작되는 것처럼 말이다. 내 안에 스스로 만들어진 긍정의 힘이다. 그 긍정 마인드를 항상 위해서는 나에게는 책 속의 좋은 말들을 해주는 좋은 작가님의 진심어린 조언들이 있었다. 그래서 독서의 힘을 좀 아는 사람들은 업무 성과도 높고 자기 스스로 일처리나 자기감정 조절도 잘했다. 내가 오래 일을 해보니 그런 자기만의 루틴이 있는 분들이 일도 잘하고 성과도 높았다. 꼭 일에서 내가 찾는 꿈과 희망이 없어도 어차피 우리는 내가 필요해서 다니는 회사니까 나는 필요한 경제력을 벌어야 하는 일개의 회사원이니까 말이다.

긍정적인 나도 내 몸이 피곤하거나 지칠 때도 있다. 아들 셋을 기르면서 결혼 후 14년 동안 육아휴직 1년 외에 오로지 사회에서 생계의 돈을 벌었다. 지금 생각해보면 무엇을 위해서 그렇게 내가 열심히 살았나 싶다. 이제 그 문제도 책을 읽고 내가 책을 쓰면서 깨닫게 되었다. 내 불우한 내 안의 가난한 의식과 어릴 적 제대로 된 아빠와 부모와의 관계를 하지 못한 내 안의 불안이 늘 내가 일에 그 불안함을 붙들고 있었다는 것을 알았다. 내가 글을 쓰면서 내 지난날의 과거와 그리고 엄마의 모습에서 내가 그렇게 느끼고 있다. 엄마의 강함이 있었고 엄마의 엄마도 이야기를 들어보면 생선장사와 매일 일만 한 외할머니를 이야기를 하신다. 엄마도 힘든 가정 살이에 식모살이 일만하다 부잣집인 줄 알았던 아빠의 배경에 결혼을 했지만 정작 행복한 줄 알았던 그런 결혼생활은 아니라는 것이다.

엄마의 강함은 자식에 대한 사랑의 힘에서 시작되었고, 그리고 돈에 대한 긍정의 마인드는 좋아서 엄마는 삶을 탓하거나 그렇지는 않았다. 엄마도 항상 그런 힘든 환경 속에서도 '웃고 살자.'라고 하시는 거 보면 삶을 긍정적으로 바라보고 살아오신 것 같다. 일을 하면서도 엄마는 여행도 잘 다녔고 맛있는 거 먹으면서 인생을 즐기고 사셨고 지금도 그렇게 살고 있다.

매일 출근하는 월요일 아침이다. 이전 같으면 내 의식을 일개의 사람들과 똑같이 피곤하다 일가기 싫다 그런 부정적인 감정이 있었을 것이다. 그러나 내가 삶에 대한 생각을 바꾸기 시작하고 나의 인생에서 조금 나은 삶을 살고 싶다고 생각할 때 만난 멘토님들과 꿈맥님들이 이제는 그런 부정적인 사고보다 긍정적인 사고를 갖게 한다. 2년 이상 아침의 감사 일기를 적기 시작했다. 내 안에 스스로 만들어진 습관이다. 평소에도 책을 좋아하지만 이제는 내가 변하기 위한 성공자들의 책들을 읽기 시작하고 독서모임을 가고 내가 필요한 강의를 찾아서 듣고 내가 무엇을 하고 싶은지 생각을 하면서 실행을 하고 있다는 것이다. 매일이 똑같다. 늘 반복된 일상 루틴 그러나 우리는 그 매일매일 하는 것의 힘을 알고 있다. 매일 하는 일이 있어 내가족의 평화와 행복과 안식이 있다. 아프지 않은 부모님, 건강한 부모님이 있어 우리가 걱정 없이 살아갈 수 있는 것도 다 감사하다. 나이가 들다 보니 내 주변에 가정사마다 다 다르겠지만 평범한 것이 제일 어렵다는 것 그 말이 정답이다. 삶이 얼마나 우여곡절이 많은가 말이다.

아이가 야구선수로 꿈을 꾸기 시작했다. 그 말은 부모가 마땅히 아이의 꿈을 지원해줘야 되지 않느냐고 한다. 어느 부모는 시작도 하기 전에 안 된다고 할 수도 있다. 맞는 말이다. 혼자서 외벌이로 있는 대부분의 가정에서는 예체능 공부를 시킬만한 여력이 없다. 대부분 예체능을 전공하는 아이들은 집안에 돈이 있거나 그럴만한 능력을 가진 부모들일 것이다. 우리는 평범한 맞벌이 부부다. 아들이 셋이다. 이제 시작한 아이의 꿈을 위해 아빠는 물심양면으로 일과 아이케어를 하고 있다.

누구나 선택을 할 수 있다. 내가 부정의 말을 아이에게 해줬으면 아이는 자기의 꿈을 펼치지도 못하고 그만 두는 것이다. 그러나 나는 아이의 꿈을 지지해주었다. 그러면서 내 안의 강함이 더 필요한 이유가 되었지만 말이다. 지금 생각해보면 고3 때 내가 엄마한테 체대를 가겠다고 말했을 때 엄마도 나를 믿고 지원해주셨다. 혼자서 힘든 생계였을 때도 말이다. 비록 나는 체대의 꿈은 실패했지만 그 이후의 내 삶은 그때부터 변화를 했다. 뭔가를 도전 했었고 실패했지만 그 뒤로 공부만 하겠다는 결심을 했었다. 20대 대학을 시작으로 책을 놓지 않았고 지금은 책을 쓰는 작가엄마로 살면서 일도 하는 엄마가 됐으니까 말이다. 사람의 인생은 아무도 모른다. 누구도 자신의 미래를 알지는 못한다. 그러나 나는 긍정한다. 내 미래는 항상 밝을 것이라고 말이다. 삶의 고난이 올 때 마다 나는 버텼고 이겨내니 내게는 항상 좋은 결과를 주었다. 인생은 실패의 연속이고 그리고 그 실패를 겪어본 사람만이 현재의 달달함이 주는 행복을 안다. 회사에서 경력을 어느 정도 쌓으면 책임자의 자리가 주어지고 또 어렵고 힘든 일을 해내면 더 큰일을 주어도 해낼만한 능력이 다져진다.

사람은 하루 종일 무수한 생각을 한다. 내가 스스로 나에게 한계를 짓는 '안 돼', '하면 뭐하겠어', '그냥 살지 뭐', '대충 대충해' 무슨 말이든 생각이든 나에게 부정적인 것은 나를 이미 안 된다고 한정 지어버린다. 그러면 시작도 전에 나는 이미 안 되는 것이다. 안 되어야 하는 사람이 되게 만든다. 그러나 자기 확신이 있는 사람은 어떻게든 '하고 말거야', '해내고 말거야', '내가 하면 모든 게 잘되게 되어 있어.'라고 이미 자기 안의 긍정과 확신이 가득하다. 그러면 이러한 사람은 주변에서 그 기운을 끌어당기고 그 사람을 도와주려는 조력자가 나타나거나 혹시라도 실패하더라도 끈기 있게 버텨내면 나아갈 수 있는 긍정의 힘이 있을 것이다. 지금의 내 모습처럼 말이다. 매일 내 안의 긍정을 사랑하는 것처럼 말이다.

05

책 속에 길이 있다

　'책 속에 길이 있다.' 우리가 늘 듣던 말이다. 그러나 실제로 책을 그렇게 읽는 사람이 많지 않다. 나는 책을 좋아하고 내 스스로 필요한 책을 찾아서 읽지만 대부분의 사람들은 학교공부를 놓고 사회생활을 하지만 그 뒤로 계속해서 책을 읽는 사람은 드물다. 회사에서 원하는 승진시험이나 필요한 자격증 따기 위해 책을 공부하는 몇몇 깨어 있는 사람들 외에는 대부분이 그랬다. 내 주위에는 글을 쓰는 작가님들처럼 책을 좋아하는 사람이 많지만 사회에서 만난 대부분의 사람들은 책 한 권 읽지 않는 사람들이 많다. 그럼 왜 우리는 책을 읽어야 할까? 왜 책을 읽는 사람은 계속해서 읽고 있는가? 진정 책 속에 답이 있는가? 하고 의구심이 들 것이다. 나는 책을 읽고 나만의 스승으로 삼아 따르는 것을 좋아한다. 책을 읽을 때마다 직접 만날 수는 없지만 나에게 가르침을 주는 선생님이라고 생각하는 것이다. 이런 마음가짐으로 독서를 하며 얻는 것은 두 가지이다. 인생을 어떻게 살아가야 하는지를 알려주는 지혜와 더 열심히 살아야겠다는 동기부여다. 내가 전공하고 있는 분야와 무관해도, 책의 저자와 나의 지적수준 차이가 크더라도 어떤 책이든 이 두 가지를 얻을 수 있다. 내가 책을 좋아하는 이유도 여기에 있다. 그동안 사회생활을 하면서 무수한 힘든 생활에서도 책에서 말하는 가르침 동기부여를 해줬던 것 같다. 직접 만날 수는 없지만 책은 내가 필요할 때 어떤 장소에서든 내가 원하는 시간에 그 답을 찾으려 펼치기만 하면 된다. 그러면 사람에게서 받는 힘처럼 책도 그렇게 힘을 내라고 한다. 그럼 다시 하면 마음을 다잡고 다시 일에 몰두할 수 있게 한다. 내가 겪는 문제들은 누군가도 겪었기에 그러기에 그러할 때 어떻게 대처했고 잘 해결했는지 이미 경험한 사람들의 답을 알 수 있기에 나는 그렇게 힘든 일도 힘든 일처럼 느껴지지 않는다. 문제는 언제나 일어나고 또한 답도 언제나 있기 때문이다.

우리네 인생이 한 편의 드라마처럼 다양하다. 살다 보면 수많은 결정의 순간에 맞닥뜨린다. 이 프로젝트를 맡을 것인가 거절할 것인가, 이직을 할 것인가 말 것인가와 같은 문제에서부터 내 마음에 들지 않는 사람과의 관계를 어떻게 풀어갈 것인가 혹은 결혼을 언제 해야 가장 좋을까 같은 고민도 있다. 지금이 인생을 좌지우지할 수 있는 중요한 순간이라는 것은 알겠는데 그래서 과연 어떻게 판단하고 어떤 결정을 내려야 할지 알 수 없기 때문에 사람들은 깊은 고민에 빠진다. 답답한 마음에 친구나 동료를 붙잡고 고민 상담을 하기도 하고, 익명의 힘을 빌려 인터넷에 글을 올리는 사람도 있다. 그러나 어디에도 정답은 없다. 다만 책을 읽는 사람은 좀 더 지혜롭게, 후회 없이 살 수 있다. 그것은 독서를 함으로써 내안의 기준을 찾아갈 수 있다는 것이다.

끊임없이 변화하는 현대사회는 개인에게도 꾸준한 자기혁신을 요구한다. 어떤 일을 하든 새롭게 창출되는 개념과 이론에 대해 공부하고, 일과 업계 전반에 대해 자신만의 시각을 갖고 주체적으로 일하기를 원하는 것이다. 만약 혁신을 게을리 하면 업무에 차질에 생기고 조직 내 평가가 떨어지는 등 냉엄한 현실이 기다린다. 비단 일에서만 그런 것이 아니다. 꾸준히 공부하고 혁신하지 않으면 하루하루 살아가는 데만 급급해 중요한 결정을 그르치고 매번 후회하는 삶을 살게 된다. 오랜 사회생활을 하면서 깨달은 것은 변화에 적응을 잘하는 게 조직생활을 잘하는 것이고 적을 만들지 않는 인간관계가 무엇보다 중요했다. 일은 시간이 어느 정도 지나면 다 익숙하기 마련이지만 사람과의 관계는 한번 틀어지거나 맞지 않으면 서로간의 상처로 힘들기 때문이다. 사람 마음이 다 나 같지 않듯이 나와 맞는 사람만 만나며 일하지 않듯이 그것을 견디고 헤쳐나가는 위기 대처 능력이 뛰어난 사람 또한 일을 월등히 잘해 성과를 내는 사람은 어느 조직에서나 환영을 받을 것이다.

　힘들다. 괴롭다. 아프다. 외롭다. 모두 삶을 살아가면서 느끼는 우리네 감정이다. 우리는 매일 행복하다고 느끼며 살고 있는가? 내가 지금 오늘을 행복하게 잘 살았다고 만족할 수 있는가? 그렇게 삶에 자신이 있는가? 힘든 환경에서 긍정을 바라보며 살아내기란 여간 힘들지가 않다. 나만 이렇게 힘든가? 퇴근하는 버스 안에서 마스크에 가려진 내 눈가에 눈물이 말해줄 것이다. 내가 20대부터 이렇게 현재까지 일만 하고 있는데 왜 내 삶은 이렇게 힘든가 하고 말이다. 그래도 버텼다. 사회가 버티라고 한다. 너는 아들 셋을 키워야 하는 강한 엄마이니까 책은 그때 빛을 발한다. 버티고 버티면 좋은날이 온다고 말해준다. 위로 해준다. 또 내안의 긍정주문을 하며 그렇게 버틴다. 그랬더니 나에게 선물 같은 또 다른 행운과 기회를 준다. 잘 인내해준 대가라고 말이다. 책을 읽었다고 단숨에 달라지는 것은 아니다. 꾸준히 내 안의 나와 대화를 하며 성찰을 하며 책을 읽고 명상하며 스스로의 생각과 가치관을 바꾸는 것이다. 삶은 그래도 충분히 살만하다고 말이다. 그러면 안 보이던 게 보이고 모든 것에서 희망을 찾고 모든 것에 배움이 있다고 여긴다. 그것은 오랫동안 책을 읽었던 내 통찰력이었다. 삶은 누군가에게나 한 번뿐인 소중한 삶이다. 인생을 살아가면서 무수한 일을 하며 사람을 만나며 크고 작은 선택을 매번한다. 오늘 아침도 더 잘 것인가? 일어나 책을 읽을 것인가? 아침을 먹을 것인가? 먹지 않을 것인가? 모든 게 나의 선택으로 이루어진 하루다.

그 하루에 수만 가지 사람은 생각을 한다. 그 생각으로 행동한다. 그 행동의 결과가 모여 인생이 된다. 그러면 우리는 잘 살았다고 하는 인생을 살려면 그 자잘한 선택을 매번 잘 해야 하고 판단하고 결정을 해야 한다. 그것을 잘하기 위해서는 스스로의 경험은 부족하기에 앞서 살아내신 어른들의 지혜나 그리고 직접 만나지 못하지만 모든 책 속의 작가님들이 깨달음을 주는 것이다. 내가 올바르고 바른 판단을 할 수 있도록 말이다.

우리에게 잘 알려진 오프라 윈프리도 책으로 인생이 달라졌다. 인생에 대한 원망에 사로잡혀 술과 마약을 택했다. 그러나 책을 통해서 다시 살아갈 힘을 찾았고, 나락에 빠진 것처럼 보였던 그녀의 삶을 스스로 구해냈다.

"책을 읽어라. 그러면 너의 인생이 곧 180도 달라질 것이다."라고 말했던 아버지가 있었다. 그녀는 그 조언을 마음에 새기고 2주일에 한 권씩 책을 읽고 독후감을 쓰면서 독서 습관을 길러나갔다. 덕분에 어휘력과 글쓰기 실력이 늘어 공부에서도 좋은 결과를 얻었고, 나도 잘하는 것이 있다는 것을 깨닫고 공부와 인간관계 모두에 자신감을 되찾고 밝고 당당한 사람으로 변해갔다. 그녀에게 가장 큰 힘이 되어준 책은 마야 안 젤루의『새장에 갇힌 새가 왜 노래하는지 나는 아네』였다. 윈프리와 비슷한 과거를 경험했지만 상처를 극복하고 행복을 쟁취할 수 있다는 사실을 책을 통해 알려주었고, 윈프리는 자신 역시 행복해질 수 있다는 희망을 되찾게 되었다. 훗날 그녀는 "나는 책을 통해 인생에 가능성이 있다는 것과 나처럼 세상에 사는 사람이 또 있다는 것 알았다. 독서는 내게 희망을 주었다. 책은 내게 열린 문과 같았다"고 말하며 책이 엉망이 된 삶을 다시 일으켜 세운 힘이었다고 고백했다. 오프라 윈프리의 삶이 증명하듯이 독서는 한 사람의 인생을 바꾸고, 어떠한 위기에도 좌절하거나 실패하지 않게 만드는 힘이 있다. 책으로 지혜로운 사람들의 사상을 배울 수 있으며, 생각하는 힘을 길러 어떤 일을 하든 더 만족스러운 결과를 얻을 수 있다. 책을 읽는 만큼 조금씩 성장하고 있다는 성취감과 기쁨은 나 자신을 긍정하고 인생의 고통도 껴안게 만든다. 그러니 작은 어려움에도 자신을 비관하며 슬픔에 빠질 일이 없다. 이런 선순환은 결국 인생 자체를 긍정적인 방향으로 이끈다.

  오프라 윈프리는 그녀의 저서『내가 확실히 아는 것들』에서 이렇게 말했다.
  내가 확실히 아는 것이 있다면, 고난과 역경과 저항 없이는, 그리고 종

종 고통이 없이는, 강인함이란 존재하지 않는다는 점이다. 두 손을 치켜 들고 "제발!"이라고 외치게끔 만드는 문제들이야말로 우리의 근성과 용기, 자기를 단련할 수 있게 하고 결연한 자세를 길러주는 존재들이다.

모든 문제에는 답이 있다. 내 현재의 인생의 문제에 답을 나는 지금 찾고 있다. 나는 누구보다 강했으며 오프라 윈프리 만큼 험난한 환경은 아니지만 그에 못지않게 힘든 삶을 살았으며 버텨냈다. 지금도 치열하게 내 삶의 앞만 보고 살아가고 있다. 무수한 책들이 나의 생과 통찰력을 키워주었으며 위안을 주었으며 나는 그렇게 하루하루를 잘 살아내고 있다. 책 속에 길이 있다. 내가 내 삶의 길을 찾아 가듯 또한 책과 함께 길을 찾으며 힘차게 나는 한 걸음 한 걸음 내딛고 있다. 나의 밝은 미래에 한 발자국을 쾅쾅쾅~!!

06

다른 사람과 비교를 하지 말라

내가 행복하다는 기준은 사람마다 다르다. 누구는 따뜻한 커피 한 잔과 아름다운 한 폭의 그림, 길가에 예쁜 꽃들만 보아도 행복할 수 있고, 누구는 물질적인 가치인 내가 좋아하는 가방, 액세서리, 차, 옷 등 나를 표현할 수 있는 예쁜 것들로 행복을 느끼는 사람이 있을 것이다. 사람을 볼 때도 각자 내가 좋아하는 스타일, 가치관 성격이 다 다르듯이 행복의 기준 또한 사람들마다 다르니 정의를 내리기가 어렵다. 중요한 것은 자기가 행복할 때를 아는 것이다. 부자의 기준 또한 그렇다. 내가 부자야라고 하고 기준이 없다. 누구는 방 한 칸, 부엌 한 칸에 몇 백만 원만 있어도 내가 부자라고 느끼는 사람이 있고, 누구는 거대한 빌딩 대궐 같은 아파트, 몇 백억의 자산을 가지고도 아직 부자가 아니라고 느끼는 사람이 있다. 왜 사업가들이 1,000억에서 500억으로 반 토막 나는 인생을 살다 자살을 선택하겠는가. 남들이 보기에는 500억이라는 거대한 부가 있는데도 자기 안의 없는 것만 생각하다 보니 있는 것에 행복을 느낄 수 없다. 우리는 혼자서 살아갈 수 없다. 왜 사회적 동물이겠는가? 이러한 사회적 동물이기에 사람과 사람과의 관계에서 우리는 크고 작은 상처를 받고 또한 상처를 주기도 한다. 그것은 내가 다른 사람과의 관계에서 잣대를 하는 비교를 하는 것이다. 내가 가진 것보다 조금 더 나은 삶을 살고 있는 사람들을 보거나 똑같은 인생 누구는 부자 부모 만나 편하게 인생을 사는 것 같고, 누구는 뼈 빠지게 일하고 있으나 고달픈 하루하루를 보내는 인생을 살고 있으니 말이다.

자기가 원하든 원하지 않든 우리는 각자의 소명을 갖고 이 땅에 태어났다. 나의 가정환경을 탓하지 말라. 불평을 하지 말라. 남이 잘된다고 시기 질투를 하지 말라. 모든 게 나의 마음 수양에서 비롯된다. 내 안의 나를 바라보고 자기만의 가치관으로 삶을 살아가자. 적어도 나는 그랬다. 나로 인한 인연이 행복했으면 했다. 내가 힘든 가정사 편치 않을 인생사를 인생 중반까지 살아와보니 사람 위에 사람 없고 사람 밑에 사람 없다. 100억 부자는 그만한 무게를 지켜 내기 위한 고민이 있고, 1,000

억 부자는 그만큼의 부를 위한 또는 부를 지키기 위한 고심들이 다 있다는 것이다. 가진 것이 없는 사람은 하루하루 밥 한 끼에도 행복함을 느낄 것이고 아등바등 살아도 삶은 우리에게 한 번만 주어지는 선물이니 내일 걱정을 오늘로 갖지 말고 오늘의 내 삶을 최대한 집중해서 살자. 남을 바라보니 내가 가치 없어 보인다. 남이 잘되는 것만 보니 내가 초라해 보인다. 모두 남에게 내 시선이 가 있다. 왜 나와 너무나 비교되는 삶을 살고 있기 때문이다. 사람은 욕망으로 삶을 살아가는 원동력이 된다. 그러나 그 욕망이 어떨 때는 자기를 쥐어짜 힘들게 만드는 것도 욕망이다. 내가 원하는 곳까지 일확천금을 노리는 사람은 거기까지 갈 만한 노력은 하지 않고 쉽게 가려는 길만 꿈꾸기 때문이다.

평범한 사람이 성공하는 것은 자기의 확신과 주관을 가지고 노력한 결과물이다. 그러나 대부분의 사람들은 그 결과물을 보지만 그 사이 노력한 인내와 수고한 노력의 과정을 하지 않으려 한다. 빨리 성공하고 빨리 돈 많이 벌어 쉽고 편하게 살고 싶기 때문이다. 나도 사람인지라 그랬다. 내가 누구를 부러워하거나 시기 질투를 느끼는 것은 내 안의 스스로가 그것을 노력 없이 바라고 있기 때문이었다. 왜 저 사람은 나보다 더 잘나가지 왜 저 사람은 나보다 뭘 많이 하지 않은 것 같은데 더 행복하게 보이지 왜 나만 계속해서 이렇게 살아야 하지? 계속해서 질문을 할 것이다. 왜 세상은 너무도 빠르게 주변이 변화하고 또한 그렇게 계속 바뀌고 있기 때문이다. 세상은 변화한다. 그 변화에 발맞추어 내 안의 나를 바라보자. 지금 내가 할 수 있는 최선이 무엇인지를 보자. 거기에 성찰할 만한 책과 함께라면 더 깊은 고뇌를 할 것이다.

성장을 하려면 남이 아닌 나와 비교하라. '어제보다 나은 오늘을 당신은 살아내고 있는가?'를 고민하라. 네가 세운 목표와 성취를 위해 당신은 지금 무엇을 하고 있는가 생각하라.

『안철수의 독서』에서 다독가로서 인생에서 깨달은 바를 이렇게 말하였다.

"버섯은 균근이라는 뿌리를 가지고 있는데, 땅의 조건이 좋아지면 점차 자란다. 하지만 땅의 조건이 너무 좋으면 뿌리만 발달하다 죽어버린다. 그렇게 되면 사람이 먹는 송이버섯은 만들어지지 않는다. 버섯이 생기려면 뿌리의 성장을 방해하는 무엇인가가 있어야 한다. 창조하려면 축적한 지식을 발현할 수 있는 특정한 계기, 어려움이 있어야 한다."

"뿌리 깊은 나무는 바람에 아니 뮐세."

깊고 심지가 굳은 사람은 외부에 환경에 연연해하지 않는다. 다 지나가는 바람이다. 그냥 흘러 가는대로 놔두는 것이다. 실패 뒤에 성공이 있다. 우리가 매일 놀면서 그 하루가 늘 똑같지만, 평일 열심히 일하고 노는 그 하루의 휴무가 꿀이듯 사람이 성장한다는 것은 매일 자기의 목표와 성공을 위해 도전을 하고 또한 실패도 맛보고 힘든 역경도 겪어보고 사업도 망해보고 해야 거기서 살아가는 힘을 만든다. 순탄하게 온실에서 오냐오냐 하며 컸던 사람은 딱 그만한 시련이 닥치면 해결하지 못한다. 내가 힘든 가정사에서, 숱한 사회생활에서 얻은 깨달음들이 나를 삶에 있어 살아가는 힘을 키워주었다. 세상에서 닥치는 모든 어려움. 그게 죽음이라도 나는 두렵지 않다. 사람이 죽는다는 것은 최종의 결과이다. 그러나 나는 죽을 만큼 힘든 고통을 알기에 딱 죽고 싶다고 느꼈었던 적이 내 삶을 살아가면서 많았기에 그리고 겪어냈기에 가능했다.

'어제의 나와 오늘의 나를 비교하자.'

다른 사람과 나를 비교하면 한도 끝도 없다. 쥐구멍에 숨고 싶은 부족한 모습이 많다. 그런데 지금까지 내가 걸어온 길을 되돌아보면, 많이 컸다. 많이 성장했다. 이런 자신감을 갖고 다음 스텝을 걸어가자. 어제의 나와 오늘의 나를 비교하며, 더 나은 내일을 위해 오늘도 부지런히 씨앗을 심자. 눈에 당장 효과가 보이지 않는 것처럼 보이지만, 나는 노력과 자기 경영을 통해 더 나을 내일을 그릴 수 있으리라 믿는다. 내일이 1년 후, 10년 후가 될지 모르지만, 하루하루 최선을 다하면 더 나은 미래에 대한 가능성이 높아진다. 성공의 가능성이 성공을 보장하는 것은 아니지만, 우리가 할 도리는 가능성을 높이기 위해 노력하는 것, 그 노력은 아름답다. 나의 인생과 가족, 그리고 사회의 번영을 위해 부단히 노력하는 개인의 삶은 가치가 있다.

　적어도 나는 그랬다. 미래의 불안함이 있어 늘 일을 좇는 삶을 살았다. 그것이 나쁘다는 것은 아니지만 혼자서 이 험난한 세상을 이겨낼 만한 힘을 일을 하면서 깨달았다. 나이가 들어가는 것은 내가 내 체력으로 할 수 있는 일이 한계가 있다는 것을 알았다. 그러면 나는 또 생계를 위해 머리를 쓰며 어떻게 해결할지 답을 찾는다. 아이가 점점 성장을 한다. 아이들이 꿈이 생기면서 내 안의 또 다른 힘이 필요할 때이다. 열심히 살아온 삶에 나만 힘든가 하는 적도 있었다. 그럴 때는 나도 사람인지라 다른 사람의 좋은 모습과 좋은 환경을 부러워하기도 하고 비교하기도 한다. 한없이 너그럽고 나에게 잘하는 남편도 내 지금의 어려움을 알 수 없듯이 사람은 누구나 자기가 현실에서 부러운 사람을 동경한다. 그러면 내 모습이 초라해진다. 내가 머리를 쓰고 재고 따지고 선택을 했던 이기적인 사람이 아니지만 그렇게 한 사람들이 정답일까? 어릴 적부터 일을 놓지 않았고 지금도 사회생활 23년 동안 9가지 일을 해오면서 어느 순간 내 체력에도 한계도 있고 지금 하는 일에서 합병문제로 변화의 물살로 힘든 나날, 나는 한번 생각을 해본다. 퇴근하면서 아파트에서 삼삼오오 수다를 떠는 사람들을 보면서 나는 한편으론 부럽다. 나는 왜 이렇게 혼자 힘들지? 나도 그냥 전업주부처럼 평범하게 살면 안 되나 하는 그런 생각도 해봤었다. 그게 남과 비교를 하니 한없이 내가 부족하게 느껴진다. 사회에서는 누구보다 멋지게 아들 셋 워킹맘으로 살고 있으나 내 안의 채워지지 않는 공허함은 뭘까? 그리고 아이가 이제 성장하면 또 나는 계속해서 이렇게 나를 위한 삶이 아닌 가족의 위한 삶을 살아야 되는 것 그것이 우리네 일반 가정에서 일어나는 문제일 것이다. 다른 시야로 바라보자. 다른 생각으로 초심으로 돌아가자. 그러지 않고 계속 남과 비교를 하면 무엇보다 내가 제일 힘들다. 근심걱정을 놓아버리자. 나에게 문제가 주어졌다는 것은 해결할 수 있는 답도 내릴 수 있기에 신은 또 나에게 문제와 답을 같이 주었다. 어떤 정의를 내릴 것인가? 내가 행복하고 내 마음 편해지는 게 지금의 정답일 것이다.

내가 일을 하는 것은 가족의 행복을 위한 일이고 또한 나의 성장을 위한 일이기도 하다. 남들의 겉으로 보이는 모습에 나를 비교하지 말자. 속속들이 들여다보면 조그마한 문제가 없는 가정은 없다. 다 내색하지 않는 것뿐이다. 어제의 나는 행복했고 내 삶에 충실했다. 그리고 나는 오늘도 새벽을 깨우며 감사와 내가 좋아하는 글로 하루를 시작한다. 평일의 일과 내 미래를 위한 주말의 일 모두 내게는 중요한 일이다. 내가 꿈꾸고 행복한 나의 인생에서 소소하게 부딪치는 문제에 있어서 남이 아닌 내가 주체가 되어 삶을 바라보자. 남의 시선이 아닌 어제의 나, 오늘의 나만 바라보며 나아가자. 그것이 나를 가장 사랑하는 힘이 될 테니까 말이다.

07

매일 도전하는 여자, 매일 꿈꾸는 엄마

독일의 철학자 칸트는 행복한 사람의 조건으로 세 가지를 가진 사람이라고 한다. 첫째, 할 일이 있어야 한다. 둘째, 사랑하는 사람이 있어야 한다. 셋째, 희망이 있어야 한다. 그랬다. 나는 지금 행복한 사람이다. 내가 사회에서 인정받는 직장인으로 일을 하고 있으며, 지금 내가 사랑하는 가족이 있으며, 가끔씩 드라마나 영화에 나오는 풋풋한 소녀 감성으로 드라마에 빠져 연애 감정을 느껴보기도 하고 사랑하는 나의 순수한 사랑 가득한 마음이 있으며, 그리고 지금 하고 있는 생계의 일 말고 내가 꿈꾸는 북카페나 여유 있는 전원생활의 낭만을 꿈꾸며 희망을 품고 살아가고 있는 내 삶이 행복하다. 내 삶을 뒤돌아보았을 때 후회하지 않을 삶을 살았고 노력했으며 지금도 내가 성장하는 이 새벽에 글을 쓰는 진정한 작가를 꿈꿀 수 있음에 감사하다. 이렇게 누릴 수 있다는 것은 치열하게 살았고 누구보다 노력했다는 것이다. 지독히도 가난이 싫었던 어린 시절 누구보다 혼자 견뎌야만 했던 사회에서의 모든 역경들이 나를 성장하게 만들어주었다. 생계에서의 불안이 나를 항상 따라다녔다. 일을 놓지 않고 늘 돈을 벌어야 한다고 생각을 했다. 지금 생각해보면 그 불안에 대한 원동력이 나를 키우는 힘이 되었지만 말이다. 생계의 일을 쫓아서 20대를 보냈고, 30대 결혼과 육아를 하면서도 내 일을 놓지 않고 지금의 40대는 사회에서는 어느 정도 안정된 위치에서 미래를 위한 나의 일을 준비하고 있다. 내가 진정 좋아하는 일 말이다. 내 안의 한계를 짓고 싶지 않다. 호박벌처럼 자기의 한계를 짓지 않고 무한한 성장만을 진정 꿈꾼다. '나비효과'처럼 나비의 조그만 날갯짓이 폭풍을 일으키듯이 나는 서서히 내안의 힘을 쌓아가고 있는 것이다.

꿈이 있었다. 어릴 적부터 산동네에서 마구 뛰어 다녔던 나의 체력이 나의 원동력이 되었듯이 나는 정적인 사람이 아니다. 동적인 것을 좋아하는 사람이다. 초등학교 6학년 동안 학년 대표 육상선수로 체육이면 우리 반에서 항상 내가 1등이었다. 피구, 농구, 육상 다 좋아했다. 그리고 중학교 진학 후 그 학교에 맞는 롤러부 특기생으로 체육선생님의 추천이 있었으나 나는 하지 않았다. 뭔가 체육 하는 아이들이 그 어린 눈에는 불량해 보였다. 공부도 좋아했다. 읽고 발전할 수 있는 공부가 좋았다. 힘든 생활고에도 엄마는 인문계 진학을 하라고 했다. 고등학교 때 체대를 꿈꾸었고 도전을 했다. 그러나 실패를 했다. 그러나 그 실패는 진정한 실패가 아니다. 도전을 했기 때문에 후회가 없고 실패를 했기 때문에 다른 곳에 또 다른 도전이 기다리고 있다는 것이다. 인문계에서 체대를 실패하고 취업을 위한 전문대학을 진학 후 나는 그때부터 나의 진정한 공부가 시작이 되었다. 학창시절 교과서보다 진정한 책의 재미에 빠져 계속해서 독서를 좋아했고 그것이 바탕이 되어 24년 치열히 책을 읽었고 이제는 진정한 작가로 내 책을 집필하고 있다. 『장상—지금도 나는 꿈을 꾼다』라는 장상 작가님의 책 제목처럼 나는 꿈을 꾸면서 내 삶을 살아왔고 지금도 살고 있다.

대학교에서 필요한 자격증을 취득하고 전공에 맞는 대기업에 취업을 하였다. 일을 하면서도 늘 생각을 하면서 틈틈이 책을 읽었다. 나를 위한 공부를 위해 새벽에 영어학원에 다녔고 일하는 쉬는 시간에 어릴 때 못배운 피아노 수업을 들었다. 나는 어릴 때 가난으로 내가 못했던 것을 어른이 되고 내가 내 돈을 벌기 시작하면서 나에게 어릴 적 하고 싶었던 것을 나 스스로 했다. 사회에서 계속해서 나의 커리어와 경력을 쌓으면서 내가 필요한 자격증 공부도 열심히 해서 성취했다. 지금하고 있는 콜센터 상담일에서 클레임관리사 공부도 틈틈이 해서 자격증을 취득하고 경력이 쌓이고 일의 목표 달성을 해내면서 나는 지금 어느 정도 안정된 나의 위치를 찾게 되었다. 그러나 직장인의 한계라는 굴레가 있기에 내가 진정한 나의 일을 꿈꾸며 현재를 살고 있다. 내가 좋아하는 취미를 위해 커피를 배워서 바리스타 자격증도 취득했다. 내가 꿈꾸는 북카페를 하면서 아침의 향기로운 커피를 내려서 먹을 수 있는 또한 나의 꿈을 위해서이다.

회사 내에서 동호회 활동도 내가 좋아하는 그림이 있어 활동도 했었다. 한때 미술을 전공 하고도 싶어서 입시미술을 잠깐 배웠는데 나는 어릴 적 혼자서 그림을 그리고 무엇을 만들고 안무를 짜고 창작을 하는 것을 좋아했다. 참 조용하지만 내 안의 끼가 마구 발산되는 나는 그런 아이인 것 같다. 생각이 아주 자유롭다고 해야 하나 이것도 내가 꾸준히 책을 늘 가까이 하면서 사고의 폭을 넓혔기 때문이다. 재작년에는 경매 공부도 배웠다. 아이가 셋이고 직장인의 맞벌이로 아들이 꿈꾸는 프로야구선수의 꿈을 키우기 위해서는 경제적인 지원이 더 필요했다. 절실하면 뭐든 구한다고 했던가. 벼랑 끝에 선 사람은 무서울 게 없다. 뒤돌아볼 겨를이 없다. 두려움이 없다 간절한 바람만이 최선의 결과를 이룬다. 한 번의 경매로 낙찰을 받았다. 재고 따지고 할 시간적 여유가 없다. 나는 지금 앞만 보고 달려가야 하는 강한 엄마가 되어야 하기 때문이다. 끌어당김의 법칙처럼 책을 만나 컨설팅으로 경매 공부와 부동산 공부를 한국 경매 투자 협회.김서진 대표님을 만나면서 시작하게 되었다. 인테리어도 같이 배우면서 집을 낙찰 받아 어떻게 수리를 잘해서 임대를 내놓는지를 한 사이클을 마무리하면서 습득했다. 사람은 자기계발을 꾸준히 해야 한다. 그것의 시작은 자기가 배우고자 하는 공부이며 무엇보다 책으로 시작하게 된다.

삶에 '시간'은 중요하다. 내가 좋아하는 것을 좋아하는 사람과 좋아하는 시간에 한다면 얼마나 멋진 삶인가. 매일매일 나를 이기고 시작하는 하루는 그것의 시작이다. 한 번에 벼락부자가 된 사람이 없다. 워런 버핏이 투자의 왕으로 불리는 이유는 나이 들어서도 계속해서 투자를 하고 있는 현재 진행형이기 때문이다. 성공하는 사람은 뭔가를 계속 배우면서 앞으로 전진 하는 사람이다. 고인 물은 썩기 마련이다. 새것을 계속해서 채우지 않으면 안 되는 이유이다. 현재 몸담고 있는 회사도 최근에 합병이 되었다. 기존의 문화에서 새로운 문화로 또 한 번 모든 게 급변하고 있다. 사람은 변화를 최초부터 싫어한다. 익숙함에서 오는 편안함과 안락함이 계속 그것을 유지 시켜주니까 말이다. 그러나 안전함은 언제나 미래에 대비를 하는 안전함이 있어야 된다는 것이다. 현재를 유지하되 미래의 성장을 위해서는 늘 준비하는 자세로 현재를 살아내야 한다는 것이다. 적어도 나는 그랬다. 혼자서 하는 게 익숙하다 보니 그렇게 내 몸에 밴 습관이다. 나 스스로 밥벌이로 생계를 유지해야 된다는 그런 무의식이 늘 나를 깨우치게 한다.

아빠의 그늘이 없었다. 아빠의 사랑이 뭔지 몰랐다. 남자를 몰랐다. 그래서인지 나는 멋진 남성보다 멋진 사회적인 성공한 여성들이 더 끌렸다. 내가 좋아하는 닮고 싶은 멘토는 김미경 강사처럼 계속해서 뭔가를 배우고 도전하고 삶에서 일어나는 깨달음을 주는 사람들이다. 영어로 세계적으로 소통을 하고 싶어 영어공부를 매일같이 하며 결국 해외에서 영어로 자기 강연을 해내는 여성, 한비야 님처럼 자기만의 확고한 철학으로 세계적으로 난민을 구하겠다는 평화의식을 가진 여성, 꿈을 좇기 시작하면서 한때 불량소녀가 골든벨을 울리고 외국계회사에 취업하는 등 세계여행을 하며 꿈을 찾는 김수영 작가님, 그리고 자기만의 확고한 부의 마인드 잠재의식의 마인드로 삶의 자세와 부에 대한 사고 내 안의 자아를 알게 하는 조성희 작가님, 한때 자살을 고민할 정도로 사업이 망하고 10억의 빚더미에서 세계적으로 성공한 사업가가 된 켈리최 회장님까지 모두 내가 닮고 싶어 하는 멘토들이다. 하나같이 절실함이 있었고 최악의 조건에서 최고의 조건으로 변화되는 인생을 살고 있는 사람들이다. 다 꿈이 있었다. 지금의 나처럼 실연은 변형된 축복이다. 삶에 문제가 주어졌다는 것은 내가 그 답을 찾으라는 뜻이다. 나는 지금 내 삶의 숙제를 다시 한번 인생 후반기에 풀고 있다. 내 사랑하는 가정을 위해서 말이다.

내가 사랑하는 사람을 만나 사랑하는 아이들을 낳으며 나는 여자에서 엄마가 되었다. 엄마는 모든 것을 품을 줄 아는 가슴이 있어야 하며 사랑이 있어야 한다. 가정은 가장 행복한 안식처이기 때문에 우리 아이와 남편은 내 안의 울타리 내 안에서는 가장 행복한 사람이었으면 좋겠다.

매일 새벽 기상을 2년 이상을 하고 있다. 매일 감사 일기를 쓴다. 내가 지금 건강하기에 책을 읽을 수 있으며 또한 내 가정이 평안하기에 나는 그 평온함을 지키기 위해 내 꿈을 위해 더 노력한다. 사회생활을 무수히 하면서 20대 처음 일했던 서면의 장우동의 서빙할 때의 그때의 절실함을 나는 지금도 유지하고 있다. 나는 일할 때 내가 제일 행복하다는 것을 알고 있다. 일은 내게 삶을 버티게 해주었으며 나의 삶에 여유와 풍요로움을 주었다. 돈을 좇는 삶이 아닌 내가 좋아하는 일에 최선의 노력을 다했을 때 늘 돈은 나를 따라 왔다. 인생 2막 이제는 또 다른 내안의 무수한 많은 꿈을 꾸며 또 오늘을 시작한다. 내게 선물 같은 오늘을 나는 사랑한다. 나는 멋진 엄마, 멋진 아내, 꿈꾸는 여자로 나는 내 삶을 늘 꿈꾸며 살아가고 있다.